विश्वनाथप्रसाद तिवारी

डॉ. विश्वनाथ प्रसाद तिवारी का जन्म 20 जून, 1940 को भेड़िहारी, देवरिया, उत्तर प्रदेश में हुआ। वे गोरखपुर विश्वविद्यालय के हिन्दी विभाग के अध्यक्ष पद से 2001 में सेवानिवृत्त हुए। 2013 से 2017 तक साहित्य अकादेमी के अध्यक्ष रहे।

वे गोरखपुर से प्रकाशित होनेवाली साहित्यिक त्रैमासिक पत्रिका 'दस्तावेज़' के सम्पादक हैं। विभिन्न विधाओं में उनकी दो दर्जन से अधिक पुस्तकें प्रकाशित हो चुकी हैं। उन्होंने हिन्दी के कवियों, आलोचकों पर केन्द्रित कई पुस्तकों का सम्पादन भी किया है। उड़िया में उनकी कविताओं के दो संकलन प्रकाशित हुए हैं। हजारीप्रसाद द्विवेदी पर लिखी आलोचना पुस्तक का गुजराती और मराठी भाषा में अनुवाद हुआ है। इसके अलावा रूसी, नेपाली, अंग्रेज़ी, मलयालम, पंजाबी, मराठी, बांग्ला, गुजराती, तेलुगू, कन्नड़ व उर्दू में भी उनकी रचनाओं के अनुवाद हुए हैं।

वे 'व्यास सम्मान', 'सरस्वती सम्मान', 'मूर्तिदेवी पुरस्कार', 'साहित्य भूषण सम्मान', 'पुश्किन सम्मान' सहित कई सम्मानों से नवाजे जा चुके हैं।

विश्वनाथ प्रसाद तिवारी

प्रतिनिधि कविताएँ

सम्पादक
अरविन्द त्रिपाठी

राजकमल पेपरबैक्स

राजकमल पेपरबैक्स में
पहला संस्करण : 2014
चौथा संस्करण : अप्रैल, 2023

राजकमल पेपरबैक्स : उत्कृष्ट साहित्य के जनसुलभ संस्करण

राजकमल प्रकाशन प्रा.लि.
1-बी, नेताजी सुभाष मार्ग, दरियागंज
नई दिल्ली-110 002

शाखाएँ : अशोक राजपथ, साइंस कॉलेज के सामने, पटना-800 006
पहली मंजिल, दरबारी बिल्डिंग, महात्मा गांधी मार्ग, प्रयागराज-211 001
वेबसाइट : www.rajkamalprakashan.com
ई-मेल : info@rajkamalprakashan.com

बी.के. ऑफसेट
नवीन शाहदरा, दिल्ली-110 032
द्वारा मुद्रित

मूल्य : ₹150

PRATINIDHI KAVITAYEIN
Representative Poems of Vishwanath Prasad Tiwari
Edited by Arvind Tripathi

ISBN : 978-81-267-2668-4

पुलों के बीच की कविता

समकालीन कविता के संसार में, सातवें दशक के दौर में उभरे कवियों में विश्वनाथ प्रसाद तिवारी के कवि की उपस्थिति एक 'अवघटघाट' के कवि के रूप में प्रकट होती है। एक ऐसे कवि की उपस्थिति जिसने 'कवियों की वसुंधरा' में भेड़-चाल की परम्परा का निषेध किया, काव्यानुभूति से लेकर काव्याभिव्यक्ति तक। विश्वनाथ जी के चालीस वर्षों से ऊपर के सक्रिय कवि-कर्म के सफ़र को देखते हुए आज यह बात कही जा सकती है कि अपने समकालीनों के बीच रहते हुए भी उन्होंने उनका अतिक्रमण किया। खासतौर से सातवें दशक में धूमिल की पीढ़ी ने यह मान लिया था कि बिना गोला-बारूद के कविता संभव नहीं। उस दौर में कवि-जमात क्रांतिकारी कविता लिखने में इतनी मशगूल थी कि उन्हें इल्हाम हो चुका था कि क्रांति दरवाजे पर खड़ी है, लिहाजा कविता फौरी तौर पर महज़ दर्जन-भर शब्दों से लिखी जा सकती है। क्रांतिकारी कविता के इतिहास में क्रांति की ऐसी हड़बड़ी तो पराधीन भारत के दौर में भी नहीं दिखाई देती।

कविता के ऐसे दौर में विश्वनाथ प्रसाद तिवारी का काव्य-प्रवेश उनके कवि-स्वभाव के नाते काफी जद्दोजहद से भरा हुआ था। मुँहफट कविता के उस दौर में उनकी कविता बोलती कम और कहती ज्यादा है। अपनी पीढ़ी के वे उन कवियों में शुमार हैं जिनके मितकथन और मितभाषा के प्रयोग सघन और ताकतवर हैं, जिन्हें आज उनकी काव्योपलब्धि के रूप में रेखांकित किया जा सकता है। पर उस दौर में 'मितकथन' और 'मितभाषा' के प्रयोग बेज़ा माने गए। ऐसे में विश्वनाथ प्रसाद तिवारी सरीखे कवि हाशिए पर डाल दिए गए। कविता के उस दौर में 'टेंशन' एक जरूरी बैरोमीटर था। मानो जिस कवि की कविता में जितना उच्च

रक्तचाप होगा वह उतना ही बड़ा क्रांतिकारी कवि होगा। धूमिल उस दौर में इस तरह की कविता के प्रतिमान–पुरुष थे।

हाशिए पर डालने की दूसरी वजह अज्ञेय के साथ विश्वनाथ जी का जुड़ाव प्रमुख रहा है। कालांतर में उन्हें अज्ञेय स्कूल का कवि मान लिया गया। विश्वनाथजी की कविता को अज्ञेय–परम्परा की कविता से इस कदर नत्थी कर दिया कि उसे अलग से देखने की ज़हमत ही नहीं उठाई गई। जबकि जागरूक पाठक गौर करेंगे कि विश्वनाथ अज्ञेय से प्रभावित भले रहे हों पर अज्ञेय–काव्य का कोई अवशेष उनकी कविता में शामिल नहीं है। उनकी कविता में न तो अज्ञेय का 'व्यक्तिवाद' बोलता है और न अभिव्यक्ति में अमूर्तन की शैली मिलती है, बल्कि विश्वनाथ की कविता बुनियादी रूप से सामाजिक कर्म की कविता है, जिसकी जड़ें भारतीय समाज, संस्कृति और इतिहास में गहरे स्तर पर धँसी हुई हैं।

इस कड़ी में तीसरी बड़ी वजह मार्क्सवादी विचारधारा से उनकी चिरपरिचित असहमतियाँ हैं जिसके चलते वे समकालीन कविता के जनपथ पर 'साथ चलते हुए' भी सहचर नहीं बन सके। पिछली अधसदी की कविता में ऐसे कई महत्त्वपूर्ण कवि लम्बे अर्से से रचनारत रहे हैं और आज भी सृजनरत हैं जिन्हें हाशिए पर चुपचाप डाल कविता की पतली आसान गली से निकलने और निकालने की कोशिशें की गईं।

कविता के ऐसे परिदृश्य में विश्वनाथ सरीखे कवियों का रास्ता आसान नहीं था। इस प्रसंग में विश्वनाथ जी की एक बुनियादी मुश्किल है कि वे कवि के साथ–साथ आलोचक हैं और मेरी निगाह में उनका आलोचक उनके कवि के बरअक्स कमतर नहीं है, यह दूसरी बात है कि वे अपने को मूलत: और अंतत: कवि के रूप में ही मानते हैं। एक लेखक को कविता और आलोचना की सवारी एक–दूसरे पर चढ़ने को मजबूर करती है और कई बार पटकने की कोशिश भी करती है। विधाओं की पटकनी से लहूलुहान केवल विश्वनाथ ही नहीं हैं। परवर्ती कवियों में देखें तो मुक्तिबोध, साही, श्रीकांत, कुँवर नारायण, अशोक वाजपेयी, मलयज ऐसे अनेक नाम आगे–पीछे दिखाई पड़ते हैं जिन्हें आलोचना के हलके में कवि माना जाता है और कविता के हलके में आलोचक; पर मेरी निगाह में एक कवि का मूल्यांकन उसकी कविता के आधार पर ही किया जाना चाहिए, आलोचकीय व्यक्तित्व के प्रतिमानों पर नहीं।

विश्वनाथ के साहित्य के सन्दर्भ में यह विचार मननीय है कि 'साहित्य समाज की सबसे अधिक वैयक्तिक और व्यक्ति की सबसे अधिक सामाजिक क्रिया है।' (रचना के सरोकार, पृष्ठ 64) एक दूसरी जगह वे लिखते हैं, 'रचना एक सक्रिय सचेतन प्रक्रिया है, निष्क्रिय दस्तावेज़ नहीं'। (वही, पृष्ठ 31) इन दोनों उद्धरणों को सामने रखकर उनकी कविता के सरोकारों को समझा जा सकता है। पहली बात तो यह साफ हो जानी चाहिए कि गैर-मार्क्सवादी होना जनविरोधी होना नहीं है, जबकि अनेक हार्डलाइनर मार्क्सवादी गैर-मार्क्सवादियों को जनविरोधी या विपक्षी दल का ही मानते हैं। पर अगर ऐसा सच है तो फिर साही और रेणु क्या जन-विरोधी थे? जाहिर है, ऐसे सवालों के जवाब हार्डलाइनरों के पास नहीं हैं।

मेरी दृष्टि में साहित्य के लिए विचारधारा से भी बड़ी चीज है–जीवन-दृष्टि। किसी रचनाकार के मूल्यांकन के लिए उसकी विचारधारा के साथ-साथ रचना में उसकी जीवन-दृष्टि की तहकीकात की जानी चाहिए। देखना यह चाहिए कि रचना के सरोकारों में जीवन-बोध की सकारात्मक वृत्तियाँ जाग्रत् हैं अथवा नहीं। उसकी कविता किसके पक्ष में आवाज उठा रही है। समाज में उसकी कविता किसके साथ खड़ी है, अगर उसकी कविता प्रभुवर्ग की 'सुख शय्या' बन रही है तो वाकई वह जन-विरोधी है।

विश्वनाथ के कवि-कर्म के सरोकारों की गहरी छानबीन की जाए तो उसकी मुख्य थीम में तीन प्रस्थान-बिन्दु चिह्नित होते हैं–स्वाधीनता, स्त्री-मुक्ति और मृत्यु-बोध। उल्लेखनीय है कि इन तीनों जीवन-दृष्टियों का बोध वे भारतीय अंत:करण से करते हैं। भारतीय अंत:करण में आत्मा की गवाही को सबसे अधिक मूल्यवान, न्यायप्रिय माना गया है। 'स्वतंत्रता हमारा जन्मसिद्ध अधिकार है' यह वाक्य केवल पराधीन भारत के आन्दोलन का नारा-भर नहीं है बल्कि यह समूची मानव-प्रजाति के जीवन की बुनियादी शर्त है। जैसे हर मनुष्य को जीने के लिए साँस लेने का नैसर्गिक अधिकार है, उसी तरह जीवन को जीने के लिए स्वाधीनता एक अनिवार्य जीवन-बोध है जिसके बिना जीवन व्यर्थ है।

स्वाधीनता के इस बोध को उनके आरम्भिक काव्य-संग्रह 'चीजों को देखकर' (1970) और 'साथ चलते हुए' (1976) को पढ़ते हुए

महसूस किया जा सकता है। इन्हें पढ़ते हुए अहसास होता है कि कवि में मनुष्य की स्वाधीनता के लिए कितना गहरा आक्रोश है। सन् 1971 में बांग्लादेश मुक्ति-संग्राम और सन् 75 में देश में आपातकाल की अचानक घोषणा ने जिस तरह भारतीय समाज और बौद्धिक वर्ग को उद्वेलित कर दिया था, उससे किसी भी जागरूक कवि का बच पाना नामुमकिन था। उस दौर में जंगल और उसमें वास करने वाले हिंस्त्र और निरीह जानवरों, पशुओं को प्रतीक बनाकर कवि ने जीने और अभिव्यक्ति की आजादी को लेकर ढेरों कविताएँ लिखी हैं।

विश्वनाथ जी की कविता में 'स्वाधीनता' का मूल्य-बोध सिर्फ 'वैयक्तिक' नहीं है, बल्कि सार्वजनिक और सामूहिक है। इस मूल्य-बोध को अस्तित्ववाद की कोटि में रखकर नहीं जाँचा-परखा जा सकता, बल्कि यह मूल्य-बोध भारतीय समाज के औसत आदमी के दुर्निवार दुखों-यातनाओं की मनोभूमि से पैदा हुआ है। विश्वनाथ के स्वाधीनता-बोध को समझने के लिए उनके भीतर छिपे उस देहाती साधारण आदमी की जिंदगी में झाँकना जरूरी है जिसे आजादी के दशकों बीत जाने के बावजूद अच्छा खाना-पहनना नसीब नहीं हुआ। इस देहाती आदमी की छवि पूर्वी उत्तर प्रदेश के भोजपुरी-भाषी गरीब आदमी की आत्मा से तैयार हुई है जिसकी औसत परछाईं मुल्क के हर हिस्से के आदमी के भीतर देखी जा सकती है। विश्वनाथ के स्वाधीन विवेक को समझने के लिए उनकी आरंभिक मानसिक बनावट को भी समझना होगा। वे इस मूल्य के बारे में खुद बयान करते हैं-"असल में बचपन से ही परिवार में मुझ पर कोई अंकुश नहीं था और इससे मुझमें स्वाधीनता की चेतना पैदा हुई। यानी मैं कहीं जाऊँ, कोई भी काम करूँ...किसी भी दिशा में जाऊँ, मैं चाहे जो करूँ मुझे कोई कहने वाला नहीं था। मैं बड़ा बेटा था, शायद इसलिए यह रहा हो...लेकिन जो भी हो, जन्म से जो स्वाधीनता का बोध मुझमें आया वही प्रकारान्तर से आपको मेरी कविताओं और साहित्य में दिखेगा। बचपन से ही मैंने यह पाठ सीखा कि कहीं किसी दबाव के आगे झुकना नहीं है और इस स्वाधीनता को मैं बड़ा मूल्य मानता हूँ। इसलिए तमाम तरह के मतवाद और विचारधाराएँ जिनसे लोग आतंकित होते हैं, मैंने उन्हें पढ़ा-समझा पर उनके रोब में कभी नहीं आया...फिर बचपन में गाँव के लोगों की जो गरीबी और असहायता

देखी या गाँव के लोगों पर जो अत्याचार होते थे–कभी सरकारी कर्मचारियों द्वारा, कभी पुलिस के द्वारा–इससे मेरे भीतर दर्द और गुस्से की एक लहर पैदा हुई। एक प्रोटेक्ट करने की तीव्र इच्छा पैदा हुई और यह प्रोटेक्ट करना ही शायद मेरे लेखन की पहली प्रेरणा थी, यानी कविता के द्वारा या साहित्य के द्वारा प्रोटेक्ट करना।'' (विश्वनाथ प्रसाद तिवारी : साहित्य का स्वाधीन विवेक, पृष्ठ 21–22)

विश्वनाथ की कविता का दूसरा बड़ा मूल्य-बोध है–स्त्री-अस्मिता की खोज। बुनियादी रूप से इस मूल्य-बोध के भीतर स्वाधीनता-बोध की अवधारणा ही है। उनकी कविता में स्त्री-अस्मिता की खोज दरअसल एक औसत भारतीय स्त्री की अवधारणा से विकसित हुई है जिसे पश्चिम की नारीवादी अवधारणाओं से नहीं समझा जा सकता। भारतीय समाज में भी यह स्त्री शहरी मध्य वर्ग की परिधि से अलग है। उनकी कविता में भारतीय स्त्री का चेहरा एक औसत घरेलू स्त्री की छवि से बना है। महाकवि निराला के शब्दों में कहूँ तो 'जो मार खा रोई नहीं'। जरा देखिए इस गूँगी लड़की का मार खाया चेहरा–'बचपन में एक सदमे में/आवाज खो बैठी/वह लड़की/अब दरवाजे-दरवाजे माँग रही है/अपनी वाणी/बच्चे किलककर हँसते हैं/जब वह रोती है' (वाणी : बेहतर दुनिया के लिए, पृष्ठ 65)

इस परिप्रेक्ष्य में देखें तो विश्वनाथ की स्त्री-दृष्टि काफी उदार, गरिमामयी और स्त्री-श्रम का मूल्य आँकने वाली है। यद्यपि उनकी स्त्री लोकजीवन की पारम्परिक स्त्री है जो मार खाकर रोती तो है पर विद्रोह नहीं करती। एक औसत भारतीय स्त्री की छवि यही है। भारतीय स्त्री की नियति की खोज करते हुए कवि इतिहास और परम्परा, दोनों से टकराता है। मगर अफ़सोस उसे सिर्फ हताशा ही हाथ लगती है। वह स्त्री-नियति की खोज में लोक-जीवन के अलावा लोकगीतों, लोकगाथाओं में भी भटकती है पर उसे वहाँ भी मुक्ति दिखाई नहीं देती। कहीं नैतिकता के पहरे हैं, कहीं परम्पराओं के नाम पर जड़ताओं की बेड़ियाँ हैं, दिलचस्प तथ्य यह है कि विश्वनाथ ने लोक-जीवन की कविता में 'गाय' और ग्रामीण स्त्रियों पर एक साथ कविताएँ लिखी हैं। इन कविताओं को पढ़ते हुए पाठक सहज ही एक औसत भारतीय स्त्री और गाय, दोनों की नियति बाँच सकते हैं–''भोला ने उसका पगहा खोल लिया था/पर वह जाने को

तैयार नहीं थी/उसने कई बार सिर हिलाया/सींग झाँटा/और अंत में हारकर धीरे-धीरे चलने लगी...उस दिन सब वहीं थे/जब वह बेची गई।" (गाय : बेहतर दुनिया के लिए, पृष्ठ 32) "विदा हो रही है स्त्री/सड़क किनारे/पीपल के नीचे जमा हैं कुछ स्त्रियाँ/जो बस में चढ़ा देती हैं उसे/लाल आँचल में लिपटा/अबोध शिशु है उसकी गोद में...आँख पोंछती है वह पल्लू से/चश्मे के भीतर मैं भी पोंछता हूँ/आँखें अखबार की ओट में गोकि फर्क है पुरुष-स्त्री के आँसुओं में...हिचकोले से बचाते अबोध शिशु को/गुमसुम बैठी वह/छिपाते अपना भय।" (भय : फिर भी कुछ रह जाएगा, पृष्ठ 25-26)

कवि ने भारतीय स्त्री की नियति को इतिहास और परम्परा में खोजते हुए खुद उसकी जुबानी ही उसकी दास्तानों को दर्ज किया है। व्यथा-कथा का अंत नहीं-"मुझे याद है अपने अनंत जनमों की कथा...जली मैं वीरांगना/बिकी मैं वारांगना/देवदासी द्रौपदी/कुलवधू नगरवधू कितने-कितने मिले मुझे नाम रूप/पृथ्वी, पवन, जल, अग्नि, गगन/मरु पर्वत वन/सबमें व्याप्त है मेरी व्यथा।" (अनंत जन्मों की कथा : वही, पृष्ठ 20-21)

भारतीय स्त्री के जीवन और उसकी नियति का साक्षात्कार करते हुए कवि ने स्त्री के जितने भी चरित्र हो सकते हैं, उसकी जितनी भूमिकाएँ हो सकती हैं, उनका व्यापक सर्वेक्षण कविताओं में किया है। स्त्री-दुखों को लेकर कविता लिखनेवाले कवियों में चन्द्रकांत देवताले को महारत हासिल है। निश्चय ही देवताले बेजोड़ कवि हैं, पर समकालीन हिन्दी कविता के परिदृश्य में विश्वनाथ की निगाह में स्त्री की शिनाख्त केवल वर्तमान में नहीं होती है बल्कि वे अतीत और भविष्य, दोनों ओर छलाँग लगाकर स्त्री-नियति को पकड़ने की कोशिश करते हैं। स्त्री की नियति को देखने का उनका यह दृष्टिकोण निखालिस भारतीय है। पश्चिम के स्त्रीवादी आन्दोलन की बाढ़ में डूबने और उतराने वाले कवियों-कवयित्रियों की जमात से अलहदा विश्वनाथ का कवि स्त्री-दुखों से घनीभूत होकर एकाकार हो गया है। पर सवाल दुखों की पहचान का ही नहीं है बल्कि जरूरत है, दुखों के प्रतिरोध की। कवि-धर्म यही है, कवि कहता है कि 'स्त्री को समझने के लिए जन्म लेना पड़ेगा स्त्री-रूप में।" यह तथ्य सही है पर इस जन्म में तो सहचर बनकर मित्रभाव के साथ उसके

विरुद्ध हो रहे हर अत्याचार के विरुद्ध उसका साथ देना ही पड़ेगा। स्त्री के बारे में कवि की यह 'आखिरी अनुकंपा' देखिए–"हे मेरे समय की देवियो/सुहागिनो–अभागिनो/कुवारियो–वेश्याओ/फिर कभी मत पुकारना माँ को/आखिरी अनुकंपा है यह धरती माँ की/नारी जाति पर" (आखिरी अनुकंपा : कवि ने कहा, पृष्ठ 133)

इस परिप्रेक्ष्य में देखा जाए तो 'उसके दुख', 'स्त्री की तीर्थयात्रा' जैसी कविताएँ आज के परिवेश में आधुनिक स्त्री के जीवन में दुख को गहराई में जाकर देखने की कोशिशें हैं। 'उसके दुख' कविता में विज्ञापन की लड़की के दुख को निहारने, फिर पहचानने की कोशिश है। विज्ञापन में लड़की की देह साबुन की तरह इस्तेमाल की जाती है। जितना कम वस्त्र उतना ज्यादा पैसा। विज्ञापन, फिल्म और बाजार–ये नए दौर के ऐसे शिकंजे हैं जिनसे स्त्री चाहकर भी नहीं निकल पाती। यह आकस्मिक नहीं है कि पूँजीवाद का सबसे हैरतअंगेज असर 'स्त्री' पर पड़ा है। पूँजीवाद मानता ही है कि स्त्री व्यक्ति नहीं वस्तु है और वस्तुएँ बिकने के लिए ही बनती हैं। इस कविता के अन्त में विज्ञापन की लड़की से कवि पूछता है–क्या अपने दुख को/मेरे सुख में तब्दील कर देना ही/नहीं है उसका दुख? (उसके दुख : कवि ने कहा, पृष्ठ 130)

'स्त्री की तीर्थयात्रा' की चर्चा इसलिए जरूरी है कि विश्वनाथ की स्त्री निगाह ज्यादातर घरेलू कर्म–व्यापारों पर केन्द्रित स्त्री–समूहों पर है। माँ शृंखला में वर्षों पहले लिखी उनकी कविताओं की लोकप्रियता और गांभीर्य इसीलिए आज भी बना हुआ है क्योंकि 'माँ' के रूप में स्त्री की सारी छवि घरेलू कर्म–व्यापारों के इर्द–गिर्द बुनी गई है। यह शहरी भद्र कुलीन माँ की तस्वीरें नहीं है बल्कि लोक–जीवन में जन्म से लेकर मृत्यु तक कर्मरत एक माँ की तस्वीरें हैं जिनके दुख ही सुख बन गए हैं, जिनके अभाव ही मुख्य भाव हैं। भारतीय समाज में एक औसत स्त्री माँ के रूप में ही महान मानी जाती है। इसके पीछे उसका पारम्परिक आत्मदान और आत्मोत्सर्ग का भाव–बोध छिपा हुआ है। यानी उसे पाना कुछ नहीं, खोना ही खोना है। वह खोने में ही पाने का सुख बटोरती है। विश्वनाथ की 'माँ' शृंखला की लगभग सभी कविताएँ इसी भाव–बोध को अभिव्यक्त करती हैं : माँ की मृत्यु से शोकाभिभूत कवि की माँ के साथ सत्तर वर्ष की स्मृतियाँ साथ–साथ चल रही हैं। लोग कहते हैं कि आदमी शोक में

होश खो बैठता है। पर कवि की खूबी है कि वह शोक को अपने भाव-तंत्र पर हावी नहीं होने देता। स्त्री के सामूहिक दुखों को माँ के दुखों और सुखों की फेहरिस्त में पिरोकर जिस सघन भाव-बोध के साथ स्त्री-दुखों की शिनाख्त की गई है, मुझे लगता नहीं कि इस मनोभूमि पर 'सरोज स्मृति' के अलावा कोई अन्य उल्लेखनीय कविता आधुनिक युग में और लिखी गई है। मलयज ने 'सरोज स्मृति' की शिनाख्त करते हुए इस कविता को 'दुख की चीख से बाहर आने की छटपटाहट' कहा था। विश्वनाथ की माँ शृंखला में लिखी कविताओं को पढ़ते हुए लगता है जैसे माँ के स्मरण के बहाने कवि एक भारतीय स्त्री के दुखों के इतिहास को उसकी अंत्येष्टि पर पुनरोच्चार कर स्त्री-यातना की बेइंतहा तकलीफ को कम करना चाहता है। माँ का इतिहास मृत्यु-बोध का शिलालेख बन गया है जिसे वह बाँचकर हलका होना चाहता है। एक लम्बे शोकगीत की आवाज बनकर पाठक की मनोवेदना को 'टटोलती हुई 'माँ' कविता-शृंखला माँ की गाथा नहीं, समूची स्त्री-जाति की गाथा है-''माँ का आँचल जल रहा था/जिसमें छिपाया करती थी वह हमें/...माँ अकेली लड़ रही थी/लपटों से हवा से आकाश से/सत्तर वर्षों का अनुभव था उनके साथ।'' (उड़ गई माँ : कवि ने कहा, पृष्ठ 87) सुकवा और षटमचिया से नापे थे उसने/समय के सत्तर वर्ष/जीवन को कुतरती धीरे-धीरे/गिलहरी सी चढ़ती-उतरती/कालवृक्ष पर/... अचानक नहीं गई माँ/थोड़ा-थोड़ा रोज गई/जैसे जाती है आँख की रोशनी/या अतीत की स्मृति।'' (अचानक नहीं गई माँ, वही, पृष्ठ 88) ''दिखेंगे नागपंचमी के साँप/दशहरे में नीलकंठ/क्वार के खंजन/बस माँ नहीं दिखेगी/फिर कभी इस रूप में।'' (नहीं दिखेगी माँ : वही, पृष्ठ 90) ''माँ की चारपाई के पास/दिखती हैं काली छायाएँ/...वह मृत्युलोक के/सबसे बड़े षड्यंत्र में हिस्सेदार है/यमदूत ढूँढ़ रहे हैं माँ को।''(यमदूत ढूँढ़ रहे हैं माँ को, वही, पृष्ठ 90-91) ''कैसे पार करेगी वह/सैकड़ों योजन वैतरिणी?/हे अनंत पथ के पहरेदारों/फूल की तरह ले जाना उसे/धर्मराज की सभा में।'' (कैसे जाएगी माँ : वही, पृष्ठ 92) ''उस अँधेरे के जंग में/माँ के लिए कवच कुंडल थी आग/राख से लिपटी/माँ के दिल की तरह धुकधुकाती/माँ के सपनों सी दहकती/माँ की इच्छाओं सी सुलगती/...अँधेरे में वह धीरे से उठती/आग को और सावधानी से छिपा देती राख में/जैसे अपने आँचल से

ढककर हमें दूध पिला रही हो।'' (माँ और आग : वही, पृष्ठ 93-94)

माँ शृंखला की आखिरी कविता 'माँ और आग' के सम्बन्धों में अगर भारतीय स्त्री का रूपक आग बना दिया जाए तो कहा जा सकता है कि वह दूसरों के लिए पैदा होती है और खुद आग बनकर जीवन-भर जलती हुई अंत में राख के ढेर में स्वाहा हो जाती है। भारतीय स्त्री की नियति एक क्रूर ट्रेजडी है जिसे लोकजीवन में 'माई' कहते हैं। सभ्यता के पाँच हजार वर्षों के इतिहास में आज बेटियाँ और बेटे जरूर बदल गए हैं पर इतिहास की इतनी लम्बी यात्रा की थकान लिये 'माई' का चेहरा अभी भी 'वही' है जिसे हमारे पूर्वजों ने देखा था और आज हम देख रहे हैं, पर 'माई' में बदलाव नहीं आया। सवाल उठता है कि क्या भारतीय स्त्री खुद नहीं बदलना चाहती? या फिर लोग उसे नहीं बदलने देते? माँ सीरीज के अतिरिक्त हाल के वर्षों में लिखी विश्वनाथ की कविता कुछ यही हाल बयान करती है। यहाँ घरेलू स्त्री, जो माँ है, की दिनचर्या ही तीर्थयात्रा बन गई है-''सवेरे-सवेरे/उसने साफ किए/घर भर के जूठे बर्तन/झाड़ू-पोंछे के बाद/बेटियों को सँवार कर/स्कूल रवाना किया/सबके लिए बनाई चाय/...दोपहर भोजन के आखिरी दौर में/आ गए एक मेहमान/दाल में पानी मिलाकर/किया उसने अतिथि सत्कार/और बैठ गई चटनी के साथ/बची हुई रोटी लेकर...बिस्तर पर गिरने के पहिले/वह अकेले में थोड़ी देर रोई/अपने स्वर्गीय बाबा की याद में/फिर पति की बाँहों में/सोचते-सोचते बेटियों के ब्याह के बारे में/गायब हो गई सपनों की दुनिया में/और नींद में ही पूरी कर ली उसने/सभी तीर्थों की यात्रा।'' (स्त्री की तीर्थयात्रा : वही, पृष्ठ 137-38)

विश्वनाथ प्रसाद तिवारी के कवि-कर्म के बुनियादी काव्य-मूल्यों में जीवन का एक अविस्मरणीय मूल्य मृत्यु-बोध है। पर यह मृत्यु-बोध जीवन का अंत नहीं है। बल्कि 'हर्डेल रेस' है यानी बाधा दौड़। मृत्यु-बोध की बाधा दौड़ में उनकी अनेक सयानी, वयस्क और किंचित दार्शनिक कविताएँ जीवन और मृत्यु के प्रश्नों से लगातार जिरह और बहस में उलझती हैं, जिसमें कवि का आत्म-बोध भी बोलता है। दरअसल मृत्यु एक निश्चित और अनिवार्य क्रूर सच है। इस अनुभव का सामना कमोबेश हर बड़े कवि ने किया है। निराला, अज्ञेय, मुक्तिबोध के अलावा कुँवर नारायण, श्रीकांत वर्मा, अशोक वाजपेयी और विश्वनाथ प्रसाद तिवारी

की कविताओं में मृत्यु-बोध की आवाजें गहरी और पाठकों को अकेला कर देने वाली साबित होती हैं। अक्सर काव्य-प्रेमी मृत्यु-बोध को जीवन का प्रश्न नहीं मानते, वे कहते हैं कि मृत्यु-बोध कविता का विषय नहीं होना चाहिए। यह दर्शन और अध्यात्म की चीज है। भला दर्शन और अध्यात्म से कवि का क्या वास्ता? साहित्य जीवन की व्याख्या है। मृत्यु जीवन से परे का अनुभव है। इसलिए वह काव्य का विषय नहीं हो सकता। मार्क्सवादी नजरिए से देखा जाए तो यह अनुभव जीवन से पलायन है। कविता जीवन-संघर्ष का दस्तावेज है, मृत्यु-बोध चुके जीवन का शिलालेख है।

नई कविता के दौर में जिन कवियों में मृत्यु-बोध का आवेग प्रबल था, उन्हें अस्तित्ववादी करार देकर अलग कर दिया गया। हिन्दी के शलाका-पुरुष आलोचक रामविलास शर्मा ने मुक्तिबोध के 'संशय' और मृत्यु-बोध की अभिव्यक्तियों के नाते ही उन्हें अस्तित्ववादी करार दिया पर क्या कविता में स्वयं को खोजना, ढूँढ़ना, आत्माभियोग लगाना, खुद के खिलाफ फैसले देना अस्तित्ववाद है जो पश्चिमी दर्शन का उत्पाद है? कविता में इस बोध की अभिव्यक्ति क्या गर्हित है? इसीलिए वर्जित भी है? श्रीकांत वर्मा के कवि-कर्म की शिनाख्त करते हुए एक दिलचस्प वक्तव्य में अशोक वाजपेयी ने कहा था-"अगर कविता एक अदालत है तो मुझे लगता है कि श्रीकांत वर्मा की कविताएँ खुद के खिलाफ चलाया गया मुकदमा लगती हैं जहाँ वे खुद के खिलाफ जिरह करते हैं और खुद के खिलाफ़ फैसले भी देते हैं।" दरअसल यह भाव-बोध, आत्माभियोग और आत्मस्वीकार लगातार खुद को निरीक्षित करते रहने के बाद कवि में पैदा होता है। आज की कविता के सवाल पर अशोक वाजपेयी ने एक वाजिब प्रश्न पूछते हुए कहा कि भारत के सभी बड़े कवियों का एक अध्यात्म-दर्शन रहा है। वह केवल भक्तिकाल के बड़े कवियों के दौर की ही चीज नहीं है बल्कि आज के कवि के लिए भी जरूरी है। सामाजिक कर्म की कविता के साथ हर कवि का एक ऐसा कोना सुरक्षित होना चाहिए जहाँ वह अपना एकान्त लिख सके। यह एकान्त ही आज के कवि का अध्यात्म है।

इस लम्बी तकरीर के पीछे आशय यह है कि हर कवि का एक एकान्त कोना होना चाहिए। भले ही उसकी कविता नितान्त सार्वजनिक

जीवन से ओत-प्रोत क्यों न हो। इस दृष्टि से विचार करें तो विश्वनाथ के कवि-कर्म में राजनीतिक, सामाजिक कविताओं की बहुतायत के बावजूद एक सुरक्षित एकान्त कोना हर संग्रह में मौजूद है। इस कोटि की कविताओं पर विचार करते वक्त लगता है कि यह कवि का मृत्यु-बोध है जिसे वह अपनी कविताओं में अनेक आध्यात्मिक पदों की नामावलियों के साथ उचारता है। जैसे मृत्यु-बोध के लिए बार-बार वह 'काया की नश्वरता' की बात करता है। 'नश्वरता' के बरअक्स 'अमरता' का एकाधिक प्रयोग जगह-जगह कविताओं में दिखता है। उनके पाँचवें संग्रह का नामकरण 'फिर भी कुछ रह जाएगा' की अन्तर्ध्वनि ही नश्वरता के समानांतर अमरता की सिफारिश है।

विश्वनाथ की कविताओं के स्वभाव को देखते हुए कहा जा सकता है कि उनके कवि की समूची संरचना देशज और स्थानीयता के भाव-बोध के साथ रची-बसी है, काव्यानुभूति से लेकर काव्य की बनावट तक। भोजपुरी अंचल में पले-बढ़े और सयाने हुए विश्वनाथ के मनोलोक की पूरी संरचना भोजपुरी समाज के देशज आदमी की है। उनकी कविताओं में इस समाज का आदमी प्राय: निकल आता है-विपत्ति में लाठी की तरह दन्न से तनकर। भोजपुरी समाज के औसत आदमी के मन में 'ईश्वर' को लेकर गहरी आस्था है। आस्था की ये जड़ें इतनी गहरी हैं कि वह ईश्वर के विरुद्ध एक शब्द भी सुनने को तैयार नहीं है। वह अपने जीवन में जो कुछ भी अच्छा-बुरा घटित हो रहा है, उसे ईश्वर की देन मानता है। इसलिए उनकी आस्तिक कविताओं में ईश्वर की गहरी छाया मौजूद है। यह उनके 'अकेले कंठ की पुकार' नहीं है बल्कि पूरे भोजपुरी समाज के औसत मनुष्य की पुकार है। ऐसे मनुष्य में मृत्यु-बोध की समूची अनुभूतियाँ देशज हैं। इन कविताओं में मृत्यु-बोध की वैचारिक सरणियाँ पश्चिमी अस्तित्ववाद से प्रेरित न होकर, सच्चे अर्थों में भारतीय हैं : जैसे दुख-बोधमूलक कविताओं में बौद्ध दर्शन और गांधीवाद की अवधारणाएँ तलाशी जा सकती हैं। कवि ने शास्त्र के बजाय लोक को प्रमाण माना है। उसकी निगाह में मनुष्यता के दुख को हरने में विचारधाराएँ नाकाफी साबित हो रही हैं। इसलिए वह जीवन का सत्य लोकमत के जरिए हासिल करना चाहता है। कवि की स्वीकारोक्ति है कि "यह लोक सबसे बड़ा सत्य है। सारे मूल्य, सारे प्रतिमान इसी से निकले हैं। इसके सामने

धर्म, विचारधारा और सिद्धांत सब निरर्थक हैं। लोक में ही भाव और विचार पैदा होते हैं। लोक में ही कल्पना उड़ान भरती है।'' (कुछ और : कवि ने कहा, पृष्ठ-9)

इस प्रसंग में उल्लेखनीय तथ्य यह भी है कि मृत्यु-बोध की इन कविताओं में कवि ने हिन्दू दर्शन के पौराणिक आख्यानों, स्मृतियों के सहारे अपने पुरखों, पितरों को बार-बार स्मरण किया है। वह शायद मानता है कि-'स्मरण में है आज जीवन'। लोगों को याद करके भी हम जीवन-समर में बार-बार लौटते हैं। विश्वनाथ की उत्तरवर्ती कविताओं में मितकथन के साथ जीवन का अतीत वर्तमान से जिरह करता है। यमराज, धर्मराज, यम, युधिष्ठिर, बुद्ध आदि के उल्लेख बार-बार जीवन के अर्थ और उसकी निस्सारता के साथ उसके दुख-बोध को परिभाषित करते हैं।

और अन्त में यह कहना शेष रह जाता है कि विश्वनाथ ने कविताओं में अपने मन का एक ऐसा कोना सुरक्षित रखा है जहाँ वे आत्म से जिरह करते हैं, आत्म को खँगालते हैं और कई बार स्वयं को धिक्कारते हुए 'गुनाहों के सबूत' पेश करते हैं। वे खुद के बारे में कहते हैं-''शब्दों में छिपा होता है जैसे अर्थ/मुझमें छिपा था मेरा मैं...बेचैन आदमी था मैं/सोचता रहा/और जागता रहा/सारी-सारी रात...पागलों सा बटोरता रहा/एक चिथड़ा सुख/बूढ़ों ने कहा नास्तिक/बच्चों ने कहा रूढ़िवादी/साथियों ने कहा व्यक्तिवादी/किसी की नहीं की परवाह/गलतियाँ कीं/मगर नहीं दी/किसी को गलत सलाह...मेरे गाँव के लोगो/मैंने पेश कर दिए/अपने गुनाहों के सबूत/और क्या दूँ तुम्हें/निकाल लो मस्तक से मेरी मणि/तुम्हारे आँसुओं को आग की तरह ले जाना चाहता हूँ/धर्मराज के पास।'' (गुनाहों के सबूत : वही, पृष्ठ 127)

कहना न होगा कि आत्म-बोध की इन कविताओं के बहाने पाठक रचयिता के स्वभाव और काव्याभिव्यक्ति में उसके लहज़े को साफ-साफ पहचान सकते हैं। विश्वनाथजी ने शुरू से अब तक निरलंकृत काव्य-भाषा रची है। शब्द की सत्ता पर अचूक पकड़ है-उनकी। इस हद तक कि उनकी अनेक कविताएँ गद्य के साथ मिल गई हैं। कई बार वे शब्द को जेब में पड़े सिक्के की तरह खर्च करते हैं, पर उनकी कविता में जीवन-बोध और 'मनुष्यता' के लिए असीमित जगहें मौजूद हैं। वे

अपनी एक कविता में दुहराते हैं कि 'फिर भी कुछ रह जाएगा–क्या रह जाएगा/यह मैं नहीं जानता/कितना रह जाएगा/इसका अंदाजा तुम खुद लगाना/क्यों रह जाएगा/यह एक निरर्थक प्रश्न है/मैं तो बस इतना जानता हूँ/कि कुछ रह जाएगा।' (फिर भी कुछ रह जाएगा, पृष्ठ 86)

अलग से इस चयन को अंगीकार करते हुए मैंने कोशिश की है कि कवि के कवि-कर्म का कोना-कोना इस संचयन में समाहित हो ताकि पाठक कवि के विकास-क्रम के साथ उसकी काव्यात्मक उपलब्धियों की विविधता का सर्वांग दर्शन कर सके। निश्चय ही पाठकों के लिए विश्वनाथ जी की कविताएँ खुली किताब की तरह हैं जिन्हें वे मनचाहा पढ़ सकते हैं और अपनी मनचाही राय भी कायम कर सकते हैं। कविताओं का चयन उनके सभी काव्य-संग्रहों से किया गया है। अन्त में कवि की पाँच नवीनतम कविताएँ भी शामिल कर ली गई हैं। चयन सिर्फ मेरी काव्य-रुचि का है। कवि की प्रतिनिधि कविताओं का दावा पेश करना मेरा मकसद नहीं। मेरा मकसद सिर्फ इतना था कि पाठक एक जगह एक साथ विश्वनाथ जी की कविताओं से रूबरू हों।

—अरविन्द त्रिपाठी

अनुक्रम

भूमिका : पुलों के बीच की कविता 5

लड़ता हुआ आदमी 21
कतवारू की मृत्यु पर 23
धारा के दर्पण में 25
मृत्यु से 26
बेड़ियों के विरुद्ध 26
सोना अर्थात् गोल्ड 28
यह सन्नाटा 31
सही भाषा 32
लिखने का अर्थ 32
1971 34
कल की लड़ाई के लिए 36
मैं तुम्हें पुकारता हूँ 39
खूँटा 40
मिट्टी की ओर 41
आरा मशीन 42
कसौटियाँ 44
कलेजा 45
पूछताछ 46
कुछ है 47
मुक्ति 47
कहार 48
सपने 49
गाय 50
हाथी 51
केंचुल 52
सड़क का बूढ़ा 53
जमीन और पंख 54
शब्द 55
हिरन 56
एक अविश्वसनीय सपना 57
मैं तुम्हारी परवाह नहीं करता 58
इतिहास 59
भोर का समय 61
कोठरी और दुनिया 62
मिलन 63
उगो-उगो 64
बेहतर दुनिया के लिए 65
कविता और दुनिया 66
कनॉट प्लेस 67
लोग गायब हो रहे हैं 68
आग 69
सड़क पर एक लम्बा आदमी 70
आत्मा की वह धुन 71
अपने पुरखों के लिए 75

उड़ गई माँ 76
अचानक नहीं गई माँ 78
नहीं दिखेगी माँ 79
यमदूत ढूँढ़ रहे हैं माँ को 80
कैसे जाएगी माँ 81
माँ नहीं थी वह 82
माँ और आग 83
गाँव गया था मैं 84
वह लड़की 86
रूपकुँवरि 87
गोरखपुर का भैया 90
आत्मा 91
रीढ़ 93
ऊँघता संतरी 94
बचा हुआ आदमी 95
गति की आवाज 96
ईश्वर तुम्हारी मदद चाहता है 97
भवसागर 98
मिट्टी की काया 98
आखिर 99
कलम 99
कैसे लोग थे हम 100
शरारती बच्चा 101
कोशिश 102
पुस्तकें 103
मनुष्यता का दुख 105
106 मंजिल
107 कहाँ देखा है इसे
108 प्रतिबद्धता
109 प्रेम ने बचा लिया मुझे
111 राजधानी
113 अनंत जन्मों की कथा
114 गुनाहों के सबूत
115 देह
117 उसके दुख
118 सत्य
120 आखिरी अनुकंपा
121 एक दुर्लभ दृश्य
122 स्त्री को समझने के लिए
123 मृत्यु
124 स्त्री की तीर्थयात्रा
125 कोई न कोई
126 पूँजी
127 जीवन का अर्थ
127 अम्बपाली
128 फिर भी कुछ रह जाएगा
129 पेड़ से बतियाती औरत
130 आना और जाना
132 सूटकेस : न्यूयॉर्क से घर तक
134 जगह
135 पत्र जिसे पढ़ने वाला चला गया

लड़ता हुआ आदमी

एक गहरा काला अंतरिक्ष
बढ़ता आ रहा है धीरे-धीरे
चमकदार कणों को आत्मसात् करते हुए
और काला करते हुए भूगोल को
एक भारी दबाव
तोड़ता जा रहा है धरती को
छोटे-छोटे अनगिनत टुकड़ों में
लम्बी होती जा रही हैं धीरे-धीरे
रात की खामोश बाँहें
और बढ़ते जा रहे हैं अंधकार में
सधे हुए खूनी पंजे
आदमी घिर गया है चारों ओर आततायियों से
इस युद्धभूमि में बिल्कुल अकेला घिर गया है
चारों ओर
टैंकों, तोपों, बमों
और विमानों की गड़गड़ाहट
जमीन और आसमान काँपते हैं
चारों ओर होते हैं भयंकर विस्फोट
जमीन से धूल के बगूले उठते हैं
आकाश विषैली गैसों से भर गया है
गोलियाँ दगती हैं अनवरत
संगीनें बढ़ती हैं
खून के धब्बे उभर जाते हैं

चारों ओर संशय, भय, तत्परता, लाघव
युयुत्सा और जिजीविषा
पीछा करती है अपनी ही छाया
अपना ही पदचाप जासूस हो गया है
जिन्हें खा लेनी चाहिए नींद की गोलियाँ
वे दाग रहे हैं गोलियाँ दनादन
और जिन्हें कर लेनी चाहिए
    आत्महत्या
वे हत्या पर उतारू हैं
अंधकार को छेद रही हैं संगीनें
सधे हुए खूनी पंजे
टटोल रहे हैं आदमी की गर्दन
हत्यारों की जाति एक ही है
और उनका जवाब नहीं
जो गर्दन भी टटोलते हैं
    जेब भी
लेकिन चारों ओर से घिरा हुआ
आहत आदमी
अभी पराजित नहीं हुआ
वह लड़ रहा है
सभी मोर्चों पर एक साथ
अंदर विश्वासघातियों से
और बाहर हत्यारों से
और चारों ओर गहरे काले अंतरिक्ष से
उसे विश्वास है
एक दिन गोली बनाने वाले कारखाने
नींद की गोली बनाना शुरू करेंगे
और हत्यारे जो आज दाग रहे हैं गोलियाँ
एक दिन नींद की गोलियाँ खाकर आत्महत्या कर लेंगे।

(1965)

कतवारू की मृत्यु पर

और कल वह मर गया
जिसे चाहिए था बहुत पहले मर जाना
जो गुलामी में जन्मा
आजादी में बूढ़ा हुआ
और दर्द की एक शताब्दी गुजार दी जिसने
बिना चीखे-चिल्लाए हुए
उसे याद नहीं कितनी बार उसने रिश्वत दी
कितनी बार पीटा गया
    फजीहत हुआ
लेकिन वह जीवन-भर डरता रहा
पटवारियों की कलम और थानेदारों के तमंचे से?
सिपाहियों की वर्दी और जमींदारों के अड़ंगे से
सफेद कपड़ा उसे भूत-सा डरावना लगता था
और हर पढ़ा-लिखा आदमी भयंकर भेड़िया
उसने कभी कोई गलती नहीं की
क्योंकि नीति-अनीति के मान उसके लिए बहुत छोटे थे
उसने कभी कोई क्रांति नहीं की
यद्यपि उसके शरीर में क्रांति के सभी लक्षण
    मौजूद थे
वह कभी अपने लक्ष्य तक नहीं पहुँचा
क्योंकि उसके सामने कोई लक्ष्य नहीं था
उसने कोई दीन इलाही नहीं चलाया
कोई क्रांति दल नहीं बनाया
कैंसर की किसी औषधि का आविष्कार नहीं किया
वह जीवन-भर सुनता रहा
केवल सुनता रहा
और जहाँ तक हो सका
अनुगमन करता रहा चिह्नों का
जो अंधकार में गायब हो जाते हैं

उस अंधकार में वह चूमता रहा
अपनी स्त्रियों के धँसे हुए गाल
और पोंछता रहा अपने बच्चों की बहती हुई नाक
अपने जानवरों की डबडबाई आँखें
उसकी स्त्रियाँ आपस में गाली-गलौज करतीं
उसके बच्चे एक-दूसरे का मुँह नोचते
गुस्से में वह भी उन्हें जी-भर पीटता
और रात-भर रोता
भाग्य और सुराज के नाम पर
उसे याद है उसने पाँच बार वोट दिया
और पाँचों बार उसका उम्मीदवार हार गया
हर बार विजयी उम्मीदवार ने उसे आश्वासन दिया
खाने-पहनने को लिखित आश्वासन दिया
मगर उसका पेट नहीं भरा
दिन-भर जोतता रहा जमीन
तो भी पेट नहीं भरा
वह जाड़े-बरसात की रातों में
घुट्टी मारे देखता था
कितनों के भाग्य का चमत्कार
    और कानून का अंधकार
देखता था वह बड़े कौतुक से
ग्रामीण विकास योजनाएँ
धुले-धुलाए अफसरों की वासनाएँ
मगर विश्वास नहीं होता था
उसे विश्वास नहीं होता था
अपने नाती-पोतों तक के भविष्य पर
खेतों, खलिहानों और बदबूदार गलियों में भटकते हुए
सोचता था वह
प्रारब्ध कर्मों का भोग निश्चित है
गोष्ठियों में बहसें होती रहीं
संसद की दर्शक-दीर्घाएँ भरती रहीं

छापेखाने की मशीनें भड़भड़ाती रहीं
पत्रकारों की दावातें खाली होती रहीं
लेकिन वह इतमीनान से सुरती मलता रहा
गाँजे का दम लगाता रहा
जब तक जीया
आराम से ऊँघता रहा
वह जानता था संसार मिथ्या है
और कल वह मर गया
अर्थात् मुक्त हो गया
क्योंकि उसके मन की परती नहीं टूटी
क्योंकि वह अपने लक्ष्य तक नहीं पहुँचा
क्योंकि आश्वासनों से उसका पेट नहीं भरा
क्योंकि उसके मरने पर राजधानी में कोई भूकंप नहीं आया
न आँसुओं की कोई नदी बही
न किसी की दिनचर्या में कोई बाधा पड़ी
और कल वह आराम से मर गया।

(1965)

धारा के दर्पण में

बहती धारा के दर्पण में
हमने देखा आत्मरूप को
जिसको तुम झूठे दर्पण में रहे देखते
दर्पण जिसने सदा छिपाया आत्मरूप को
हमने देखीं
मन की जाने कितनी गाँठें
इच्छाओं की जख्मी पाँखें
कह सकते हो तुम
हमने इस धारा को अपवित्र किया है
मगर साँझ की लाल-लाल आँखें साक्षी हैं
कल भी यह धारा ऐसे ही बहती होगी

यद्यपि हम तुम नहीं रहेंगे
इस सूने उदास रेतीले तट पर।

(1965)

मृत्यु से

अभी-अभी तो आया हूँ
और अभी-अभी वसंत भी आया है
इस घाटी में
देखो किरणों में कैसी खिली है
यह सतरंगी घाटी
अभी तो बहुत कुछ कहना चाहता हूँ
झरने की तरह बहना चाहता हूँ
मैंने मृत्यु से कह दिया है थोड़ा बाद आना
तब तक हम गा लेंगे एक और गाना।

(1965)

बेड़ियों के विरुद्ध

(संदर्भ वियतनाम)

वे हमेशा बेरहम होते हैं
दूसरों का आकाश अपनी मुट्ठियों में बंद करने वाले
निचोड़ लेते हैं होंठों की मुस्कान
धनहर खेतों में सुरंगें बिछा देते हैं।

कोई भी नाम दे लो
उनकी व्यवस्था में कोई संवेदना नहीं होती।

तुम भाग्यवान हो जो महसूस कर सकते हो
गो उनकी व्यवस्था सबसे पहले संवेदना को भोथर करती है
फिर धीरे-धीरे जातीय यादों को धुँधली कर देती है।
तुम महसूस कर सकते हो

कि दिन तुम्हारी चमड़ी में
इतना कभी नहीं चुभा था
तुम महसूस कर सकते हो
कि रातें इतनी लम्बी कभी नहीं हुई थीं
तुम देख सकते हो इस अँधेरे मौसम में
उफनती नदियों को रेत होते
खामोश पहाड़ों-जंगलों को काँपते
और इसके पहले कि बंद आकाश
धुएँ में घुटने लगे
और इस बदनसीब बस्ती में शोलों की बारिश शुरू हो
तुम चाहो तो नली सीधी कर सकते हो
चाहो तो कविता में साँस ले सकते हो
यह वह समय है
जब तुम इंतजार नहीं कर सकते।
वे एक बर्बर कानून बनाते हैं
स्कूल की जगह जेलें खोलते चले जाते हैं
देशी रक्त में विदेशी शराब मिलाकर
हड्डियों से चूसते रहते हैं धरती की संपदाएँ
और एक निश्चित समय के बाद
तुम्हें ऐसी सुनसान पगडंडी पर छोड़ देते हैं
जहाँ कोई विकल्प नहीं होता
ऐसे मौसम में
जब कि मरी हुई आत्माएँ अपना हक माँग रही हों
और बेड़ियाँ बढ़ी आ रही हों जकड़ लेने के लिए
तुम न आत्मसमर्पण कर सकते हो
न आत्महत्या।

और तुम क्या कर सकते हो सिवा इसके
कि झाड़ियों-जंगलों में छिपते रेंगते रहो
पीठ और हथेलियों पर लिये हुए अपनी जिंदगी?

बंदूकों में ढूँढ़ते हैं किसान अपनी अस्मिता
स्त्रियाँ बच्चों की आँखों में टटोलती हैं अपना भविष्य
जवानी के दिन उन्हें याद नहीं आते
बच्चे भूल चुके हैं ककहरे।

हवाबाजों से कहो उनका गणित गलत साबित होगा
इस वक्त कोई भी ग्रह अपनी धुरी पर
सही-सलामत नहीं रह सकता
आदमी अपनी धुरी पर दृढ़ हो गया है
और यह वक्त है
तुम वापस कर दो हमारा आकाश
हमारी मिट्टी
हमारी शिनाख्त।

(1968)

सोना अर्थात् गोल्ड

आशा रखो
संतोष करो
अपनी चारपाई में दुबक जाओ
        शाम हो रही है
रात को फिर आएँगे मौत के सौदागर
        तुम हमेशा हारते रहे हो स्वयंवर में
अश्वमेध का घोड़ा बार-बार
        तुम्हारे सीने से गुजर जाता है।
वर का जुलूस जा रहा है?
तुम भी पीछे हो जाओ
दूर से कुमारी की एक झलक ले लो
        पत्रकार
जल्दी करो

छूट जाओगे
रह जाओगे इस जन्म में भी
जनकपुर के फिरता।
जिन्हें जाना था
चले गए नदी पार
कहाँ है तुम्हारी पतवार
तूफान का तुम कुछ नहीं बिगाड़ सकते
किसी का तुम कुछ नहीं उखाड़ सकते
रोओ-रोओ
जायसी रोया था पद्मिनी के जौहर पर
अलाउद्दीन उस दिन भी हँस रहा था
सोमनाथ के शंकर को
उठा ले गया गजनवी
अब कहाँ है तख्त-ताऊस
हिंदुस्तान में!
धरती को बाँट लिया बंदरों ने
तुम बिल्ली की तरह देखते रहो
तराजू
पासपोर्ट और वीसा है तुम्हारी जेब में?
रास्ता छोड़ो
बालयोगेश्वर आ रहा है
महेश योगी का जंबोजेट
आकाश में मँडरा रहा है।
अखबार में देखो भविष्य-फल
बीवी-बच्चों की आँखों में
अपना वर्तमान
तुम्हारे प्रश्न क्या हैं?
उत्तर हर जगह मिलेगा
कचहरी में, थाने में
सराफा में, मतपेटी में
मानस शलाका में

बस तुम्हें अपनी आदत बदलनी होगी
भूलना होगा नाम-पता
वल्दियत सकूनत
सचाई ने
बहुतों को धोखा दिया
बहुत बार
उलट गया इतिहास
इंडिया अर्थात् भारत का।
जो सब धीरे-धीरे हो जाते हैं
वही होना है तुझे।

तुम कैसे हो साहित्यकार
रातोरात क्या से क्या हो जाता है
सुदामा का महल खुद सुदामा
नहीं पहचान पाता
कुछ करो
कोशिश करो
कोशिश करो एक बेहतर दुनिया
बनाने की
उठाओ कलम
कुदाल
उगलदान
महामहिम के महल की बत्तियाँ
तेज हो गई हैं
रात हो गई है।
हर मर्ज की एक ही दवा है
बुरा मत देखो
बुरा मत सुनो
बुरा मत बोलो
बंद करो
किवाड़ मत खोलो।

अभी बरसात है
        रात है
नालियाँ बजबजाती हैं
नगरपालिकाएँ हिनहिनाती हैं
यह भगवान के सोने का वक्त है।
सोने दो
अपनी प्रेमिका को, इच्छा को, क्रोध को
सोओ–सोओ
अभी सोने का वक्त है।
सोना मुफीद है
हर मर्ज की एक ही तो दवा है
सोना अर्थात् गोल्ड।

(1968)

यह सन्नाटा

कैसे टूटेगा यह सन्नाटा
जो एक भयानक तूफान के बाद
हमारे चेहरों पर उतर आया है।
सुरंगों में घिर गए हैं सहयात्री
खामोश हो गई हैं मंदिरों की घंटियाँ
एक हाथी मरा पड़ा है न्यायालय के कठघरे में
बाहर कोई पत्ता तक नहीं हिलता।
केवल अँधेरा है
जो आहिस्ते–आहिस्ते
फैलता जा रहा है कमरे में
और बाहर रेतीले तट पर
जहाँ शिथिल हो गया है सागर
और हवाओं में चीखने की ताकत नहीं रह गई है।

(1975)

सही भाषा

अभी-अभी लौटा हूँ उस अंधकार से
जहाँ वे पूछते थे तुम्हारे शब्दों के अर्थ
उन्हें कैसे समझाता
कि शब्द अर्थ ही होता है
या फिर व्यर्थ होता है।
उन्होंने उन फैसलों को नहीं समझा
जिन्हें तुमने अपनी रोशनी में लिखा था
और वे अपने अंधकार में कराहते हुए ठंडे हो गए
ईश्वर को पुकारते और भद्दी गालियाँ बकते हुए
तुम मेरी आँखों में अब भी उन्हें देख सकते हो
उनमें वे अनकहे शब्द हैं
जो मरते समय उनकी जुबान पर थे।
तुम चाहो तो उस अंधकार की ओर लौट सकते हो
जिसमें वे अपने बाल-बच्चों सहित खो गए
उस अंधकार में असंख्य ध्वनियाँ हैं
उस मिट्टी, पानी, धूप, हवा तक पहुँचाने के लिए
जहाँ सही भाषा बनती है
और कोश और परिभाषाएँ।

(1975)

लिखने का अर्थ

कहाँ जाऊँ
क्या करूँ
किस-किसकी लँगोट फींचूँ
किस दफ्तर में कर लूँ आत्मदाह

भला हो औरतों का
जो अपने-अपने मर्दों के बिस्तरबंद में बँधी
कराह रही हैं
और लड़कियों का

जो अपने ब्याह के दिन गिनते हुए
बूढ़ी हो रही हैं।

नहीं, अभी कोई मरने वाला नहीं है
कुछ निकम्मे लोग
जो ठीकेदारी नहीं कर सकते
मेम का पेटीकोट नहीं धो सकते
लिखते रहेंगे कविताएँ
और उनके बीवी-बच्चे
राशन-तेल की चिंता में
उन्हें कोसते रहेंगे।
कविता किसी को नहीं मार सकती
सिवा अपने रचयिता के।
काफिले बहुत चले थे
सबके सब रेत हो गए
रेगिस्तानी मैदानों में।
टीले जो जहाँ थे
खड़े रह गए
काटते काटते काटते
भोथर हो गए शब्द।

तुम किसे तलाश रहे हो?
इस ढिबरी की रोशनी में लिखता था प्रेमचंद
इस बेंच पर जाड़े की रातों में
नंगे सोता था निराला
और यह है असंख्य शय्या वाला अस्पताल!
इसके बेड नंबर एक सौ एक पर मरा था मुक्तिबोध
एक सौ दो पर राजकमल
एक सौ तीन पर धूमिल
बेड नंबर एक सौ चार
एक सौ पाँच
एक सौ छह...

तुम कौन-से बेड पर मरना पसंद करोगे?
        जिंदा रहना और मरते जाना
        एक ही बात है कविता की दुनिया में।
भाषा की ताकत आजमाते हुए
        जहाँ पहुँचा हूँ
एक खाली कोटर है
अंडों को निगल गए हैं साँप
एक चिंचियाती चिड़िया हाथ में
साथ में न कोई संपादक
        न आलोचक।
माँ किसी आशंका से डरकर कहती है
'बेटा, बात क्या है, आजकल तुम
बहुत उदास रहते हो?'

लिखना कठिन नहीं है
मगर समझाना कठिन है
माँ को
लिखने का अर्थ।

(1970)

1971
(संदर्भ बांग्लादेश)

छितरा गई लिबर्टी की प्रतिमा खंड-खंड
ढाका
वियतनाम में
सारी जवान लड़कियाँ बंद
छटपटाती फौजी बैरकों में।
कैसे गाऊँ पद्मा किनारे
        कौन-सा गीत।

मरो-मरो
निरापद है
समुद्री तूफान, बाढ़, भूकम्प में मर जाना
जो बचेंगे
उन पर राजद्रोह के मुकदमे चलेंगे।
भागो
छोड़ दो पुरखों का मुल्क
        शरणार्थी
पंचायत में वे सभी कर्जखोर
बहुमत से निर्णय करेंगे
        'प्यार करना मना है'।
प्रभु यीशु, सो जाओ
आज की रात बड़ी भयानक है
मान जाओ
बुद्ध, कंफ्यूशस, मुहम्मद, जरथ्रुष्ट
अपनी आखिरी ख्वाहिश बता दो
सैनिक अदालत में जाने के पहले।
पूरब में उठ रही हैं लपटें
कई दिनों से क्षितिज लाल है
वे पी रहे हैं लाल शराब
अपनी विजय की खुशी में
जनतंत्र और जनक्रांति के मसीहा।
नीबू-सा निचोड़ लिया लोकतंत्र
एक बूँद भी नहीं रह गया कहीं काला खून
बड़ी तेज भूख लगी है
सही-सही बताओ
तुमने अपना कलेजा कहाँ छिपा रखा है?
अब यहाँ और रुकना खतरनाक है
खबरें बड़ी गरम हैं
वे सब भाग रहे हैं
हमारी भाषा हमारी आजादी चुराकर

अपोलो-मेरिनर भाग रहे हैं बहुत तेज।
डूब गए देवताओं के ऊँचे-ऊँचे कैलास
मक्का, यरूशलम
दीवारें पुख्ता कर दी गईं जर्मनी में
समुद्र के बूढ़े मछुआरे ने आत्महत्या कर ली?
निर्वाचित प्रतिनिधियों, बुद्धिजीवियों
        की आँखों पर बँधी पट्टी
मैं चश्मदीद गवाह
मशीनगन में झोंक दिए जाने के पहले
किसके इजलास में कलमबंद कर दूँ बयान
कहाँ है न्यायाधीश।
खोलो-खोलो किवाड़
दुर्घटना हो गई है।

कल की लड़ाई के लिए

(संदर्भ बांग्लादेश)

दम तोड़ता है मनोबल तड़प-तड़पकर
संविधान के पन्ने हवा में फरफराते हैं
जले हुए गाँव और रौंदे हुए नगर
अंतर्राष्ट्रीय आचरण संहिता का मरसिया गाते हैं

लाशों से चिपके चीखते बच्चे
मलबे में टटोलते हैं अनागत का अर्थ
मुँह ढँके अँधेरे में भेड़िए
गाँव का गाँव चबा जाते हैं
अर्थहीन शब्दों के मलबे में चिंचियाता है
        राष्ट्रसंघ

आकाश में गड़गड़ाता अहं
चाहता है सब कुछ अपने अनुसार रचना
या फिर नष्ट कर देना।

इस बियाबान सन्नाटे में
घोड़ों की टाप सुनाई पड़ती है
मगर साफ नहीं होता
अश्वारोही आ रहे हैं या लौट रहे हैं
आज की लड़ाई से लौट आया हूँ
बहुत–से विश्वस्त साथियों को खोकर
और जानता हूँ
कल भी ऐसा कुछ नहीं होगा
जो आज नहीं हुआ
अभी तो लड़ाई शुरू हुई है
आगे कुछ भी हो सकता है
अपने ही हथियारों के विरुद्ध भी
लड़ना पड़ सकता है
जैसे भी हो कल की लड़ाई के लिए
और साहस बटोरना होगा
अपनी संवेदनात्मक शिराओं को और तोड़ना होगा
और आज की जंगली रात भी
जागकर ही काटनी होगी
जो हिंस्त्र पशुओं को पनाह देती है।
कुछ निश्चित नहीं
कल की लड़ाई में कौन जीतेगा
किसको कर जाएगी मृत्यु निरस्त्र
कितनी लंबी होगी यह रात
और सुबह होगी भी या नहीं
कब तक चलते रहना पड़ेगा दम साधे
सोए हुए गाँवों
और कर्फ्यू में काँपते नगरों के बीच
कुछ निश्चित नहीं
सिवा एक बीमार संभावना के
कि पीड़ा से मुक्ति के लिए
सहनी होगी पीड़ा

लड़ाई से मुक्ति के लिए
लड़नी होगी लड़ाई।

कुछ नहीं हो सकता
संगीनों के साये में
सिर्फ बलात्कार हो सकता है
बंदूक की नली निहत्थी भीड़ को
कहीं नहीं ले जा सकती
सिवा उन नरभक्षी माँदों के
जहाँ जंगल की भाषा में
लोकतंत्र और मताधिकार जैसे शब्दों का
व्याकरण बनता है

अब नहीं जिंदा रह सकता कोई भी मनुष्य
फौजी बूटों के पीछे
पालतू कुत्ते होंगे
प्रेक्षकों का मौन
खलनायक को और भी खूँखार बनाएगा
निरंतर लाल होती जाएगी
सोने की मिट्टी
स्वाधीनता और मुक्ति के लिए चीखता रहेगा
नक्शे का एक और कोना
यह चारों ओर का अहस्तक्षेप
सिर्फ आदमियत को नष्ट करने की साजिश है।

किसे संबोधित करें
रौंदे हुए गाँवों
या जलते बंदरगाहों को
किससे माँगें शक्ति
छटपटाते जवानों
या आत्महत्या करती स्त्रियों से

कौन देगा मान्यता मुक्तिवाहिनी को
जो निष्कवच है युद्धभूमि में
संघर्षरत है टूटे हथियारों के साथ
कौन देगा शक्ति उन्हें
जो लौट आए
थके, हारे, आहत, निःशस्त्र
कौन देगा शान्ति उन्हें
जो जीने की अदम्य आकांक्षा के बावजूद
आज की लड़ाई में मर गए
और शायद
कल की लड़ाई में मर जाएँगे।

(1969)

मैं तुम्हें पुकारता हूँ

मैं तुम्हें पुकारता हूँ
जैसे झुलसी वनस्पतियाँ
बादल को पुकारती हैं।

तुम मैदान में उतरी हुई एक पहाड़ी नदी हो
बिजली की कौंध में चमकती हिम चोटी।
अर्धरात्रि में नींद सहसा उचट गई है
बियाबान में खोई हुई पगडंडी की तरह।

तारे आसमान में टिमटिमा रहे हैं
धरती पर सिहरता है एक खँडहर।
हवा में सूखी पत्तियाँ झड़ रही हैं
और बह रही हैं काले जल के साथ।

मेरा एकांत एक लपट है
पैरों के नीचे पड़ा विषधर।

मैं तुम्हें पुकारता हूँ
और आकाश को, क्षितिज को,
समुद्र को
बाँहों में भर लेना चाहता हूँ।

(1972)

खूँटा

चिड़िया भूखी थी
उसे खाना था और परदेश जाना था
उसका दाना खूँटे में फँसा था

उसने बढ़ई की चिरौरी की
वह राजा के आगे रोई
रानी के सामने गिड़गिड़ाई
महतो के, सर्पराज के, अग्निदेवता के, समुद्र के
और जाने किस-किसके आगे
फरियाद करती रही।
किसी ने कुछ नहीं सुना
बढ़ई अपने हठ पर अड़ा रहा
चिड़िए का दाना खूँटे में पड़ा रहा।

इस कहानी का कोई अन्त नहीं है
(अच्छी कहानियों के उपसंहार नहीं होते)
अधिक उम्मीद इसी बात की है
कि चिड़िया चीख-चीखकर खामोश हो गई हो
या संभव है चिड़िए ने
अपने स्वजन-संबंधियों को जुटाया हो
और सबने मिलकर चोंच मार-मारकर
उस खूँटे को चीर डाला हो
(और जाहिर है अपने को भी लहूलुहान कर लिया हो)

या हो सकता है बढ़ई ने ही खूँटा चीर दिया हो
(पर कहानी का यह अन्त
बच्चों को फुसलाने के लिए गढ़ा गया लगता है।
क्या कोई भी जादूगर
उस खूँटे को चीरकर दिखा सकता है
जिसमें उसने अपना कलेजा छिपा रखा हो?)

(1974)

मिट्टी की ओर

कुछ नहीं है मेरे पास
इस उजड़े गाँव में
केवल शब्द हैं।

हवाएँ अधजले दरवाजों, खिड़कियों, खंभों
टूटी दीवारों को रगड़ती हुई निकल जाती हैं
उस बेसहारा राख को बेजगह बिखेरती हुई?
जिसे कोई गंगा में डाल देता है
कोई गुलाब में।

इस उजड़े गाँव के बाहर
दूर-दूर तक कुछ नहीं दीखता
सिवा कुछ आहत वृक्षों
और रौंदे हुए नंगे खेतों के
जिनकी अस्मिता खो गई है।

मैं उन झुलसी वनस्पतियों को देखता हूँ
जिनका संपर्क-सूत्र धरती से टूट गया है।

मुझे उन भारी-भरकम खूबसूरत शब्दों की याद आती है
जिनसे हम प्रेम करते हैं
और जो खौफनाक पंजों की तरह

हमारी गर्दन दबोच लेते हैं।
प्रेम जो घृणा की ढाल बन जाता है
सत्य जो गोरे के लिए गोरा
और काले के लिए काला हो जाता है।
कितना भयानक है
उस आदमी के बारे में ठीक–ठीक जानना
जो परती जमीन की तरह दरक गया है
उन स्थानों के बारे में जानना
जो मलबे में दब गए हैं
या जहाँ झाड़-झंखाड़ उग आए हैं
और कितना मुश्किल है
इस उजड़े गाँव के तिराहे पर
दाँतों से शब्द तोड़ना
और देखना कि कैसे काँपती है हवा
कैसे–कैसे तरंगों में बनती–बिगड़ती हैं आवाजें
कैसे हवा में बिखरती हैं पत्तियाँ।

चारों ओर की चुप्पियाँ
चिल्लाने को व्याकुल करती हैं
और इस सुनसान तिराहे की
बिखरी निर्जीवता में खड़े
मैं उस मिट्टी की ओर देखता हूँ
जिसमें अंकुर फूटते हैं।

(1974)

आरा मशीन

चल रही है वह

इतने दर्प में
कि चिनगारियाँ छिटकती हैं उससे

दौड़े आ रहे हैं
अगल-बगल के यूकिलिप्टस
और हिमाचल के देवदारु
उसके आतंक में खिंचे हुए

दूर-दूर अमराइयों में
पक्षियों का संगीत गायब हो गया है
गुठलियाँ बाँझ हो गई हैं
उसकी आवाज से

मेरा छोटा बच्चा देख रहा है उसे
कौतुक से
कि कैसे चलती है वह
कैसे अपने आप एक लकड़ी
दूसरे को ठेलकर आगे निकल जाती है
और अपना कलेजा निकालकर
संगरमरमर की तरह चमकने लगती है

मेरा बच्चा देख रहा है अचरज से
अपने समय का सबसे बड़ा चमत्कार
तेज नुकीले दाँत
घूमता हुआ पहिया और पट्टा
बच्चा किलकता है ताली बजाकर
मैं सिहर जाता हूँ

अभी वह मेरे सीने से गुजरेगी
मेरे भीतर से एक कुर्सी निकालेगी
राजा के बैठने के लिए

राजा बैठेगा सिंहासन पर
और वन-महोत्सव मनाएगा।

(1977-78)

कसौटियाँ

'जो एक का सत्य है
वही सबका सत्य है'
–यह बात बहुत सीधी थी
लेकिन वे चीजों पर उलटा विचार करते थे

उन्होंने सबके लिए एक आचार-संहिता तैयार की थी
लेकिन खुद अपने विशेषाधिकार में जीते थे

उनकी कसौटियाँ झाँवें की तरह खुरदरी थीं
जिसे वे आदमियों की त्वचा पर रगड़ते थे
और इस तरह कसते थे आदमी को

आदमी बड़ा था और कसौटियाँ छोटी
इस पर वे झुंझलाते थे
और आदमी को रगड़-रगड़कर
छोटा करते जाते थे

उन्होंने गौर से देखा
उस जिद्दी अड़ियल आदमी को
नंगा करके उसकी एक-एक मांसपेशी को
उसके सीधे तने शरीर
और उसकी बुनी हुई रस्सी जैसी भुजाओं को
जो उनके सुख बाँटने की माँग कर रहा था

'यह पूरा-का-पूरा आदमी
एक संक्रामक रोग है'
वे बुदबुदाए
और जल्दी-जल्दी
अध्यादेशों पर दस्तखत करने लगे।

(1977-78)

कलेजा

मैं एक घटनास्थल हूँ, श्रीमान्

मैं पहचानता हूँ पेशेवर अपराधियों को
इसीलिए जब किसी मासूम बच्चे को देखता हूँ
अपनी ओर आते/चहकते
तो बेचैन हो जाता हूँ/उदास

उन्होंने इन पौधों और फूलों को तब काटा
जब इनमें नई-नई कोंपलें निकल रही थीं
उन्हें भय था
इनसे खुशबू और छाया फैलेगी

उन्होंने मुझे रोटी दी
जब मैंने अपने साथी के साथ किया
विश्वासघात

यह भी एक रहस्य है, श्रीमान्
कि मेरी आत्मा जिनसे घृणा करती है
वे ही मेरी जीविका चलाते हैं

उन्होंने जब चुनने को कहा
तो मैंने चुना 'सुविधा'

वे गद्‌गद हुए
उन्होंने अपनी कन्या से कर दिया मेरा विवाह
और बदले में निकाल लिया मेरा कलेजा

अपनी कन्या का कलेजा
वे पहले ही निकाल चुके थे।

(1977-78)

पूछताछ

वे एक-एक घंटे का समय देते हैं
सोचने के लिए
और इस तरह
घंटे-घंटे तोड़ते हैं मनोबल

अपने बाल-बच्चों की चिन्ता करो
वे कहते हैं
बाल-बच्चों की चिन्ता
अर्थात् अपने आपसे दगा

बहुत कम वक्त है मेरे पास
क्योंकि ऐसा ही वे कहते हैं
घूँसे मारते हुए

मैं जानता हूँ
वे किसी भी उत्तर पर
विश्वास या अविश्वास कर सकते हैं
क्योंकि अखबार
उन्हीं के गुसलखाने में छपते हैं

वे सच को जानना चाहते हैं
मगर मेरा झूठ उन्हें विश्वसनीय लगता है

वे पता पूछ रहे हैं स्पार्टकस का
जिसे मैंने कहीं नहीं देखा

क्या आपने देखा है उसे?

(1977-78)

कुछ है

कोठरी से बरामदा
और बरामदे से कोठरी
दीवारें और सीढ़ियाँ
दस्तकें और फरमान
कोई रास्ता नहीं
बूटों और बंदूकों के आगे

पीछे दीवार
और सामने
मौत की तनी हुई पतली सुरंग

मेरे सामने वह मरा पानी माँगते हुए
वह लंबा-गोरा नौजवान
मेरे सामने वह प्यारा काला लड़का
हुआ लहूलुहान

इन मरते हुए साथियों के साथ
उस दिन पुख्ता हुआ था मेरा विश्वास
कि कुछ है
कुछ है जो महान है हमसे भी
जिसके लिए हम मर जाते हैं।

(1978)

मुक्ति

आगे पाँच
और पीछे पाँच
दाहिने एक
और बाएँ एक
वे चल रहे हैं कसे हुए

कुछ लोग जिनकी आँखों पर पट्टी बँधी है
ले जाए जा रहे हैं

आगे बूटों की सधी आवाज
और पीछे पछुआ में फटे होंठ–सा एक गाँव

यह पतझर का मौसम है शायद
पत्ते झर रहे हैं बेशुमार

एक पेड़ होगा नीम का
और उसके नीचे एक निखहरी चारपाई
जिस पर बाबा बैठे होंगे उदास

वे जानते हैं
जिस दिन वह मरेंगे
मैं नहीं रहूँगा उनके पास

शरीक होना सबसे बड़ी यातना है बाबा
लेकिन मुक्ति क्या है उसके सिवा?

(1978)

कहार

पालकी ढोते हुए वे चले जा रहे थे
वे कहार
दुल्हन को पीठ पर लादे
हाँफते और अपने बोझ को हलका करने के लिए
कहरवा गाते हुए
उन्हें याद नहीं ऐसा कब हुआ था
कब उन्होंने पहली बार पालकी का आविष्कार किया था
और कब रख लिया था उसे
अपने कंधों पर

रास्ता नापते हुए वे
नहीं सोच रहे थे
अपने भूत या भविष्य के बारे में
न ईश्वर या पत्नी-बच्चों के बारे में
वे सोच रहे थे सिर्फ
कि कैसे कटेगा यह रास्ता

दूर बर्फीली चोटियाँ चमक रही थीं
परी की तरह
पैरों के नीचे एक रात थी
अँधेरी और अनंत

गो उन्हें उम्मीद नहीं थी
फिर भी वे चल रहे थे
ताकत-भर
कंधे बदलते और पसीने पोंछते हुए।

(1976)

सपने

कैसे कटती हैं उनकी रातें
जो सपने नहीं देखते?

सपने आकाश की तरह अनंत
सपने क्षितिज की तरह अजनबी
सपने बच्चों की तरह मुलायम
सपने परियों की तरह पंख फैलाए

सपने कोहरे में सोए जंगलों की तरह
उगते दिन की तरह सपने

कहते हैं वे
अपने सपने बेच दो

क्या खरीदूँगा मैं
अपने सपने बेचकर?

(1976)

गाय

भोला ने उसका पगहा खोल लिया था
पर वह जाने को तैयार नहीं थी

उसने कई बार सिर हिलाया
        सींग झाँटा
और अन्त में हारकर धीरे-धीरे चलने लगी

दस वर्ष पूर्व वह इस खूँटे पर आई थी
यहीं वह चार बार ब्याई थी
उसके लड़के अब हल खींच रहे थे
और लड़की माँ बन चुकी थी

उस दिन सब वहीं थे
जब वह बेची गई
वे उस आदमी की भाषा नहीं समझते थे
जो उन्हें खरीदता है
        बाँधता है
        दूहता है
और खूँटे से कसाईखाने तक
        सुरक्षित पहुँचा देता है

वे कुछ कहना चाहते थे
पर उनके भाषा न थी

वे अपनी-अपनी नाँद से मुँह उठाकर देख रहे थे
भोला उसे खींचे जा रहा था।

(1976)

हाथी

सारी समस्या दाँतों की थी
वे उसके दाँत निकाल लेना चाहते थे

वह अपने झुंड में चला आ रहा था
मस्ती में झूमता
सूँड़ लपलपाता
साथियों को चूमता
        पुचकारता

धाँय धाँय धाँय
शिकारियों की सधी हुई गोलियाँ
उसके उन्नत ललाट में धँस गईं
वह पागल की तरह दौड़ा
        मुड़ा
        पीछे हटा
        लड़खड़ाया
और जंगल को कँपाने वाली एक मर्मभेदी चिंघाड़ के साथ
        गिर पड़ा
        अकेला

(झुंड भाग चुका था
गो वह समर्थ था अपने मुखिया का बदला लेने में)

और अब वे आए घासों में छिपे हुए शिकारी
उनके चेहरों पर विजय का उन्माद था

उन्होंने उसके दाँत निकाल लिये
(जो सर्वोत्तम था उसके पास
जिसके लिए वह मारा गया)

बाकी शरीर उन्होंने सौंप दिए
नंगे-भूखे आदिवासियों को
जो सिर्फ पेट के लिए उनके साथ थे
अपने ही जंगल के विरुद्ध।

(1976)

केंचुल

प्रभु, मैंने कुछ नहीं किया
सिर्फ वह जड़ाऊ साड़ी उतार दी
जिसे पता नहीं कौन-सी सदी में
जाने-अनजाने धारण कर लिया था
और अब मैं हलकी हो गई हूँ
अपनी स्थूलता
स्मृतियों और दंड संहिताओं को लौटाकर

निर्वसन मैं अब भी नहीं हूँ
त्वचा है और मांस और रक्त और हड्डियाँ
मगर अब मेरे कंठ सूखे नहीं हैं
न अंगारे दहक रहे हैं चारों ओर

सब कुछ अपनी जगह ठीक है
साँस की गति,
रक्त का दबाव
दिल की धड़कन,
ताप
और नाड़ी की चाल

मैं नहीं चाहती मिटाना
उस विद्युत-स्पर्श की छाप
जो मेरे होंठों, उरोजों, नितम्बों
और सारी त्वचा पर अंकित हो गई है।

(1977)

सड़क का बूढ़ा

उसे सँभालो
वह लड़खड़ा रहा है
तिरंगे झंडे के झोले में
आलू बाँधकर
बाजार से लौटता हुआ वह बूढ़ा
सड़क की पों-पों से घबरा रहा है

उसे खींचो
वह किसी मोटर से दब जाएगा
या कोई मोटर वाला
उसकी माँ-बहन को
गालियाँ सुनाता निकल जाएगा

फिर कोई प्रचार-वाहन आएगा
उसे पकड़कर बैलटबक्स में ठूँस देगा।

उसके बाल-बच्चे ढूँढ़ेंगे
सड़क से संसद तक
कोई नहीं बताएगा
वह कहाँ गुम हो गया
हर दल का नेता सफाई देगा
वह उसके बैलटबक्स में नहीं मरा

ट्रैफिक पुलिस साफ जवाब देगी
वह उसकी ड्यूटी में सड़क से नहीं गुजरा

उसे समझाओ
सड़क उसके बाप की नहीं
जो वह बीच में चलता है
न झंडा
जिसके झोले सिलता है
यह बात उसकी समझ में कब आएगी?
जब उसका रोआँ-रोआँ मतपत्रों के साथ गिन लिया जाएगा
या तब जब उसे बैलटबक्स से निकालकर
बंदूक की नली में झोंक दिया जाएगा?

कब आएगा उसकी समझ में
कि चौराहे का सिपाही
जिस सड़क पर हरी झंडी देता है
उस पर दिन-दहाड़े अपहरण होते हैं
और वह सड़क अलगर्ज चलने वालों को
उस माँद की ओर ले जाती है
जहाँ से लौटने वाले पैरों के निशान नहीं दिखाई देते।

(1978)

जमीन और पंख

वह माँ अपने बच्चे को
चलना सिखा रही है

एक नन्हा अबोध शिशु
चकित, देखता है
लम्बे डरावने आदमी
उड़ते जहाज

मूर्तियाँ, किताबें और कुत्ते
उसका ध्यान बँटता है
वह लड़खड़ाकर गिरता है

जमीन बहुत अविश्वसनीय है
जानती है माँ
वह दलदली, रेतीली, पथरीली
और हो सकती है सख्त
वह कभी भी धोखा दे सकती है
अनभ्यस्त पैरों को

माँ जानती है यह सब कुछ
जानती है
कि कुछ लोग चलते नहीं
उड़ते हैं
मगर माँ को उड़ाने की कला
नहीं मालूम।

(1979)

शब्द

(एनी सुलिवान और हेलेन कीलर के लिए)

चीजों को नाम दो

शब्द सृष्टि की कुंजी है

बोलना होंठों की कसरत नहीं
लिखना उँगलियों का खेल नहीं

शब्द 'होने' का सबूत है

वह एक विराट् मौन को तोड़ता है
एक निबिड़ अंधकार से उबारता है

क्या जरिया है हमारे पास
उस दिक्काल से जूझने का
जिसके बीच हम फेंक दिए गए हैं?

(1979)

हिरन

वे बेखबर थे
हवा में तैरते चौकड़ी भरते
        गुजर रहे थे
एक दो तीन चार पाँच...
हाँ, पाँचवाँ उस झुंड में सबसे खूबसूरत था
        शिकारी आँखों के लिए

एक गोली दगी
उसकी कोख में धाँय!

वह रुका
जैसे समय की गति रुक गई हो

उसने अपने भागते हुए साथियों की ओर देखा
जैसे तड़पता वर्तमान
भविष्य की ओर देखता हो

वह सिकुड़ा
धीरे-धीरे सिकुड़ता गया
और फिर धरती की गोद में
फैलकर सहज हो गया
        निस्पंद।

उसकी बड़ी-बड़ी आँखें!
भय, पीड़ा, मोह और जिजीविषा
में डबडबाई हुई आँखें!

वे अपने हत्यारे से पूछना चाहती थीं
कि क्यों?

(1980)

एक अविश्वसनीय सपना

एक दिन उसने सपना देखा

बिना वीसा बिना पासपोर्ट
सारी दुनिया में घूम रहा है वह
न कोई सरहद, न कोई चेकपोस्ट

समुद्रों और पहाड़ों और नदियों और जंगलों से
गुजरते हुए उसने अद्‌भुत दृश्य देखे
आकाश के, बादलों और रंगों के

अक्षत यौवना प्रकृति उसके सामने थी
निर्भय घूम रहे थे पशु-पक्षी
पुरुष स्त्री बच्चे

क्या शहर थे वे और कैसे गाँव
कोई राजा कोई सिपाही
कोई जेल कोई बंदूक नहीं

चारों ओर खिले हुए चेहरे
और उगते हुए अँखुए
और उड़ती हुई तितलियाँ

उसे अचरज हुआ
उसे सपने में भी लगा यह सपना है

तभी एक धमाका हुआ जोर का
एक तानाशाह की तलवार चमकी
वह काँपता हुआ उठ बैठा
अब वह फिर कोशिश कर रहा था
उसी सपने में लौटने की।

(1983)

मैं तुम्हारी परवाह नहीं करता

(हरमेन हेस के लिए)

तानाशाह
मैं तुम्हारी परवाह नहीं करता

मेरा शरीर निरोग है
मेरे हाथ सही-सलामत हैं
मेरी आँखों में रोशनी है

तानाशाह
मैं तुम्हारी परवाह नहीं करता

मेरी पत्नी मीठी वाणी बोलने वाली है
मेरे बच्चे मेरे वश में हैं
मैं एक अनुशासित परिवार का मुखिया हूँ

तानाशाह
मैं तुम्हारी परवाह नहीं करता

मुझे तुमसे पद नहीं चाहिए

मुझे तुमसे सुविधा नहीं चाहिए
मुझे तुमसे दूसरों का हक नहीं चाहिए

तानाशाह
मैं तुम्हारी परवाह नहीं करता

मुझे चाहिए केवल
पेट भरने की रोटी
और शरीर ढकने का कपड़ा
और सिर छुपाने की जगह

तानाशाह
मैं तुम्हारी परवाह नहीं करता

मैं विचार कर सकता हूँ
मैं भूखा रह सकता हूँ
मैं इंतजार कर सकता हूँ
मैं इनकार कर सकता हूँ

तानाशाह
मैं तुम्हारी परवाह नहीं करता।

(1983)

इतिहास

जब वे अपने बधिकों के
सुनहले किस्से लिखवाने लगे
और जब उन्होंने अपनी कायरता को
हत्या के किस्सों में तब्दील कर दिया
तो उसे इतिहास कहने लगे
आने वाली नस्लों के लिए

लूट हत्या शोषण दमन
पढ़ता हूँ इतिहास
पढ़ाता हूँ इतिहास

कौन है जो इतिहास बनाता है?

वे किसी फॉर्मूले पर नहीं पहुँचे
विद्वान और गणितज्ञ
दिन-भर जोड़ते-घटाते बैठाते रहे
शाम को अपनी-अपनी तनख्वाह लेकर
चलते बने
जिन्होंने खेतों में फलियाँ उगाईं
और कारखानों में लोहा गलाया
और ताजमहल और लाल किला बनाया
जो अंधड़ में मच्छरों की तरह मरते
और नालियों में कीड़ों की तरह बिलबिलाते रहे
नहीं थे उन जिल्दों में वे सूरमा
वहाँ चीखते हुए साइरन थे
और बारूद की दुर्गंध
और खून टपकाती तलवारें
और मरते हुए लोग
और मारते हुए लोग
और उठती हुई लपटें
और धुआँ और राख

एक गोली सनसनाती हुई आई
सोया हुआ जल कराहने लगा
कुछ कबूतर फड़फड़ा रहे थे
धाँय-धाँय-धाँय
लो कुछ और गिरे
पहाड़ काँप रहे थे
पेड़ सिसक रहे थे

एक बड़ा-सा गुब्बारा
सेनापति की वर्दी चिपकाए
बढ़ रहा था
अश्वमेध की तैयारियों में
बस्तियों को लूटता
स्त्रियों को रौंदता
अखबारों में अपना चेहरा बढ़ाता

प्रतिरोध में कुछ लोग थे
जो अपने लिए नहीं
अपनी ऊँची गढ़ी के लिए लड़ रहे थे
जिसमें उनकी पद्मिनी घिर गई थी
कौन जीता कौन हारा
यह इतिहासकार नहीं कवि बताएगा
लेकिन पहले लड़ाई तो खत्म हो।

(1983)

भोर का समय

उजास फूट रहा है भोर का
धुँधलके में उभर रही हैं
मिट्टी की सूरतें

पेड़ पौधे वनस्पतियाँ
आकाश का रंग
पक्षियों की चहक
जल में झिलमिलाती छायाएँ

बहुत खूबसूरत लग रही है रात
इस वक्त जब वह गुजर रही है

भोर
निर्झर की तरह चारों ओर
नहाकर निकलेगा इसमें
दिन खिला हुआ

सद्यःस्नाता प्रकृति
झिलमिलाती मुस्कराती
अँधेरे के भीतर से दमकती
ताजा प्रसन्न मांसल
आने वाले दिन के लिए तैयार।

(1984)

कोठरी और दुनिया

वे अपने ताले को देखकर खुश हैं
खुश हैं
क्योंकि उसके भीतर मैं हूँ
जिसकी तलाश थी उन्हें

मगर मैं वहाँ नहीं हूँ
जहाँ वे देख रहे हैं मुझे

मैं उस हरे मैदान में हूँ
जहाँ रंग-बिरंगे बच्चे खेल रहे हैं
मैं उस समुद्र किनारे हूँ
जहाँ प्रेमी-प्रेमिकाएँ टहल रहे हैं
मैं उस आकाश के नीचे हूँ
जहाँ पक्षी उड़ानें भर रहे हैं

बाहर पराजित
भीतर मैं अजेय हूँ

वे अपने ताले को देखकर खुश हैं
और मैं अपनी आत्मा को
जिसे बचा रखा है
बुरे दिनों के लिए
क्या दुनिया बड़ी नहीं है उनसे
जिनके हाथ में चाबी है कोठरी की?

(1984)

मिलन

लौट आए थे हम दोनों
बरसते बादलों
और लपलपाती बिजलियों के बीच
अपनी अँधेरी रात में

मैंने उसे अपनी बाँहों में लपेट लिया था
और वह रो रही थी फूट-फूटकर

मैं अपना साहस उसमें भर रहा था
और अपने भीतर संचित कर रहा था
साहस–जो आदमी और आदमी के
मिलने से पैदा होता है

रोशनी हमसे दूर थी
अँधेरे ने हमें बहुत करीब कर दिया था

मैं महसूस कर रहा था
हम दोनों के मिलने से
जो लहरें पैदा हो रही थीं
वे क्रूरतम इतिहास को
बदलने में समर्थ थीं।

(1984)

उगो-उगो

फूटो-फूटो, बसंत की नई कोंपलो
कि पत्ते गिरने लगे हैं
और टहनियाँ कसमसा रही हैं

आलू और चने और गुड़
के भाव तेज हो गए हैं

गुरुद्वारों में उठने लगे हैं
बारूद के धुएँ

दिक्पाल सो गए हैं
और दिशाएँ खामोश हो गई हैं

इस समय तुम जहाँ भी हो
और चाहे जो भी कर रहे हो
मेरे साथियो
समय भागा जा रहा है
मेरे बच्चो
लोहे लाल हो रहे हैं
और कोयले दहक रहे हैं

बादलो, बरसो
हवाओ, बहो
चिड़ियो, चहचहाओ

देखो
एक झुका हुआ काला नंगा पिता
ढेंकुली से पानी खींच रहा है
एक माँ अपने बच्चे को स्तन पिला रही

उगो–उगो
धान और जौ के अँखुओ
अब भी खेतों में थोड़ी नमी बची है।

बेहतर दुनिया के लिए

रात भाग रही है
लम्बे–लम्बे डग भरते
और कोहरे में चमक रहे हैं
ग्रह नक्षत्र तारे

तुम न चाहो तो भी यह दुनिया बदलेगी।

किरणें निकलेंगी और चिनगारियाँ फूटेंगी
धीरे–धीरे पिघलेंगी बर्फ की तरह
करुणा की तरह बहेंगी कविताएँ
इस मरु प्रदेश में
वटवृक्ष की तरह फैल जाएँगी अर्थ–छायाएँ

नहीं दिखाई पड़ेगा वह सब कुछ
जिसे देखकर स्त्रियाँ सुबकने लगती हैं
और बच्चे रजाइयों में छिप जाते हैं

तुम न चाहो तो भी यह दुनिया बदलेगी।

बहुत बार इस शहर ने
पीड़ा में गाया
नहीं थी जिनकी जुबान
उनकी जुबान में चिल्लाया
खून को स्याही
और स्याही को खून में बदलते हुए इस शहर पर
बहुत बार हमले हुए हैं

बहुत बार कविता के शहर पर
हम याद रखेंगे इस बुरे वक्त को
इस भय को, अपराध और आतंक को
ऐयाशी और आँसू को

तुम न चाहो तो भी यह दुनिया बदलेगी।

शाश्वत कुँवारी धरती से
उभरेंगी छिपी हुई सूरतें
कुलाँचें भरेंगे मृग-शावक
टैंकों, संगीनों, प्रक्षेपास्त्रों के बीच
अंतरिक्ष के अनंत विस्तार में तैरती
अँधेरे में चिड़ियों की तरह चहचहाती
गूँजती रहेगी कविताएँ

जो लिखते हैं कविताएँ
और करते हैं प्यार
वो धरती को थोड़ा और चौड़ा करते हैं
थोड़ा और गहरा
थोड़ा और नम।

(1978)

कविता और दुनिया

बेहतर कविता लिखेगा वही
जो बेहतर कवि होगा

जिस समय वह लिख रहा होगा
सबसे अच्छी कविता
जरूर होगा उस समय वह
सबसे अच्छा आदमी

जिस दुनिया में लिखी जाएँगी
बेहतर कविताएँ
वही होगी बेहतर दुनिया

शब्द और अर्थ नहीं है कविता
सबसे सुंदर सपना है
सबसे अच्छा आदमी का।

(1979)

कनॉट प्लेस

लोग ऐसे भाग रहे हैं
कि लगता है कुछ ही घंटों में
खाली हो जाएगा कनॉट प्लेस

सबको आशा है
कि सबको मिल जाएगी गाड़ी
सबको भय है
कि सबकी छूट जाएगी गाड़ी

सबके पास माल-असबाब है
वक्त नहीं है किसी के पास

किससे कहूँ
कि मेरे साथ चलो
सभी जानते हैं
कि अभी गिरने वाला है एटम बम
सभी जानते हैं
कि अभी या फिर कभी नहीं

मुझे कोई जल्दी नहीं है
खरामे-खरामे पकड़ ही लूँगा

अपनी आखिरी बस
और बस में मिल ही जाएँगे
लोग
जिन्हें कोई जल्दी नहीं है
मैं जानता हूँ इस खौफनाक क्षण में
बचने का रास्ता
मैं भागते लोगों को भी बताना चाहता हूँ
छिपने का रास्ता

अब इसका क्या करूँ
कि वे लोग अकेले-अकेले बच जाना चाहते हैं

(1986)

लोग गायब हो रहे हैं

मैं इस बुरी खबर के साथ
आया हूँ नौजवान
कि लोग
गायब हो रहे हैं

यह खबर अखबार में नहीं छपी
और जासूस कुछ नहीं बता रहे हैं
रानी गुलाब जल में नहा रही है
और राजकुमार
अगली सदी तक के लिए सो गया है

लेकिन यह खबर सही है

मैंने अपनी आँखों से देखा है
राजधानी में
एक अदृश्य हाथ उन्हें छूता है

और वे अच्छे-खासे
हट्टे-कट्टे लोग
छूमंतर हो जाते हैं

यह कोई जादू का खेल नहीं
हकीकत है, नौजवान
और इसके पहले कि
गायब हो जाए वह
जिसे तुम समझते हो अनश्वर
तुम दौड़ो
दौड़ो इस खबर के साथ
कि मनुष्यों की दुर्लभ प्रजाति
गायब हो रही है

नौजवान, तुम दौड़ सकते हो
दौड़ो जैसे हवा जैसे सूरज की किरणें दौड़ती हैं
और बोलो
जैसे बिजली बोलती है

कि लोग
गायब हो रहे हैं।

(1986)

आग

कहीं बाहर नहीं होती वह
हर चीज में होती है आग

आत्मा की तरह अदृश्य और जाग्रत
बिरही की तरह बेचैन और आतुर

किसी भी चीज को उठा लो कहीं से
ले जाओ उसे आग के पास
स्पर्श होते ही
वह बन जाएगी आग।

(1986)

सड़क पर एक लम्बा आदमी

आज अचानक दीख गया
सड़क पर एक लम्बा आदमी

लोग अपनी-अपनी दुकानों से
उचक-उचककर घूर रहे थे उसे
बच्चे नाच रहे थे तालियाँ बजाकर

हवलदार फुसफुसा रहा था
'हुजूर, हवालात के दरवाजे से भी
ऊँचा है यह आदमी'

मसखरे हिनहिना रहे थे
जहाँपनाह, आपकी कुर्सी से भी
बड़ा है यह आदमी
चौराहे का सिपाही आँखें फाड़े देख रहा था
बाप रे, सड़क पर इतना लम्बा आदमी!

सीधा तना चल रहा था वह
राजपथ पर दृढ़
विनम्र और बेपरवाह

शहर में आग की तरह फैल गई थी
यह खबर
निकल पड़े थे अपने-अपने घरों से

बौने लोग
चौकन्ने हो गए थे अखबार
सेना कर दी गई थी सतर्क
मंत्रिपरिषद में चल रहा था विचार

एक बुढ़िया
अपने पोते-पोतियों को जुटाकर
दिखा रही थी
कि सतयुग में होते थे
ऐसे ही लम्बे आदमी।

(1987)

आत्मा की वह धुन

यह उस शताब्दी की बात है
जब आकाश में नहीं उगा था ब्ल्यू स्टार

उन दिनों रमेश कुंतल मेघ
अमृतसर में किया करते थे विकट सेमिनार
जिसमें लड़ते थे
हिन्दी और पंजाबी के पहलवान
मिली-जुली कुश्ती होती थी वह बाँकों की
हरभजन सिंह-नामवर सिंह की होती थी जयकार
मुझ जैसे गाँव के लोग भी
बुलाए जाते थे पंजा मिलाने के लिए दो-चार
सो एक दिन रास्ता पूछते-पूछते
मैं पहुँच गया स्वर्णमन्दिर के द्वार

उन दिनों स्वर्णमंदिर का रास्ता पूछने पर
कोई अचरज से नहीं देखता था
न बंद कर लेता था अपनी दुकानें

कैसा युग था वह
कि बच्चे भी बता देते थे
स्वर्णमंदिर का रास्ता
और रास्ता भी ऐसा
जो फँसा नहीं था राइफलों की नली में
या काँपती गली में
बच्चों की सहमी आँखों में
या नुची-चुथी पाँखों में
चमचमाती सड़क थी वह
न जली हुई बसें
न राख न धुआँ

हाय राम, उठा लेते थे लोग सड़क पर पड़ी
कोई भी लावारिस चीज

रास्ते में मिले मुझे ठेले खींचते
पूर्वांचल के कुछ मजूर
जिन्होंने पूछे अपने बेटे-बेटियों के हाल
पंजाबी के एक कवि ने पिलाई
अमृतसर की मशहूर मलाईदार लस्सी
हाथ-भर के लम्बे गिलास में लबालब

जिस दुकान पर मैंने बड़े खरीदे
उसका मालिक था सफेद बालों वाला एक सिख
जिसने न जाने अपनी कितनी सफेद माँ के लिए
सुंदरकांड की पोथी भेजने को कहा गीताप्रेस से

यह स्वर्णमंदिर के सिंहद्वार का वाकया है

मैंने जूते उतारे, पाँव धोए
सिर पर रखा सफेद रूमाल
और श्रद्धा से हाथ जोड़े

मौन खिंचा चला गया हरमंदिर साहब
जहाँ चल रहा था गुरुवाणी का सबद कीर्तन

क्या संगीत था वह
और कैसी धुन!
वेदना की, जिजीविषा की
हारमोनियम के फेफड़ों से हाँफती
आत्मा की वह धुन!
अपनी ही गहराइयों में दबोचकर
खामोश कर देने वाली वह धुन!
मैं शताब्दियों तक खड़ा रहकर सुन सकता था वह धुन
पर जल्दी थी मुझे
गाड़ी पकड़नी थी उसी दिन

केदारनाथ सिंह भी थे उस दिन मेरे साथ
तब वे नए-नए गए थे जवाहरलाल नेहरू विश्वविद्यालय
अभी रहते थे गाँव में ही बेरसराय
और कैंपस में नहीं मिला था उन्हें मकान
जब मिला उन्हें हलवे का गरमागरम प्रसाद
तो आधा रख दिया उन्होंने मेरी हथेली पर
यह कहते हुए कि मिष्टान्न पर
ब्राह्मण का होता है शाश्वत अधिकार

फिर मैंने परिक्रमा की हरमिंदर साहब की
जहाँ फर्श पर पोंछे लगा रहे थे विनीत
बालक, वृद्ध, यौवनाएँ, धनाढ्य

नहाया नहीं मैं पवित्र सरोवर में
(कवि नागार्जुन की तरह
नहाता हूँ वर्ष में एक बार)
मगर बैठा उस बेर तले
जहाँ बैठे थे चार सौ वर्ष पहले गुरु अर्जुन सिंह

सूखकर हड्डी मात्र रह गया था वह पेड़
जिसे लोहे की खपच्चियों में खड़ा किया गया था

फिर देखा मंदिर के सिंहद्वार के ऊपरी हॉल में
बड़ी-बड़ी पेंटिंग्स सिखों के बलिदान की
आरे से चीरा जा रहा था एक
तबे पर भुना जा रहा था दूसरा
दीवार में चुना जा रहा था तीसरा
हाथी से कुचलवाया जा रहा था चौथा...
रोमांच हो आया मुझे
इस महान जाति को माथा झुकाया
निकल पड़ा परिसर के बाहर
और अब मेरे पैरों तले परिचित रास्ता था
जिस रास्ते पश्चिम से आए सभी जातियों के लोग
यूनानी, शक, कुषाण, हूण, मुसलमान
सभी आए इस पाँच नदियों के देश
जहाँ बहुत-बहुत पहले फूली थी
एक सिंधुघाटी सभ्यता

अब भी इच्छा होती है
स्वर्णमंदिर जाने की
मगर डरता हूँ
(एक ही तो पाया है ब्राह्मण का गुण
कि प्राणों से डरता हूँ)

अब भी इच्छा होती है
सुनने की वह धुन
जो मेरे मन से नहीं निकलती
निकल जाता है, अमृतसर, जलंधर
गुरुदासपुर, रोपड़, पटियाला, बटाला
निकल जाते हैं अटारी के छह फुटा जवान

मगर वह धुन नहीं निकलती मन से
पाशमुक्त करने वाली विपाशा की तरह
शत-शत धाराओं में बहने वाली शतद्रु की तरह
हीर और राँझा के गाँव की तरह
वह धुन नहीं निकलती
वेदना की जिजीविषा की
आत्मा की वह धुन।

(1986-87)

अपने पुरखों के लिए

इसी मिट्‌टी में
मिली हैं उनकी अस्थियाँ

अँधेरी रातों में
जो करते रहते थे भोर का आवाहन
बेड़ियों में जकड़े हुए
जो गुनगुनाते रहते थे आजादी के तराने

माचिस की तीली थे वे
चले गए एक लौ जलाकर

थोड़ी-सी आग
जो चुराकर लाए थे वे जन्नत से
हिमालय की सारी बर्फ
और समुद्र का सारा पानी
नहीं बुझा पा रहा है उसे

लड़ते रहे लड़ते रहे लड़ते रहे
वे मछुआरे
जर्जर नौका की तरह
समय की धार में डूब गए

कैसे उन्होंने अपने पैरों को बना लिया हाथ
और एक दिन परचम की तरह लहरा दिए उसे
कैसे वे अकेले पड़ गए
अपने ही बनाए सिंहासनों, संगीनों और बूटों के आगे
और कैसे बह गए एक पतझर में गुमनाम
जंगल की खामोशी तोड़ने के लिए
उन्होंने ईजाद की थीं ध्वनियाँ
और आँधी–तूफान में भी जिंदा रखने के लिए
धरती में बोए थे शब्द

अपनी खुरदरी भाग्यरेखाओं वाले
काले हाथों से
उन्होंने मिट्टी में बसंत
और बसंत में फूल और फूल में भरे थे रंग
धधकाई थीं भट्ठियाँ
चट्टानों को बनाया था अन्नदा
किसी राजा का नहीं
इतिहास है यह
शरीर में धड़कते हुए खून का

मेरे बच्चो
युद्ध थे वे
हमें छोड़ गए एक युद्ध में।

(1987)

उड़ गई माँ

उड़ गई माँ
जैसे उड़ जाती है गौरेया
अपने खोते से

फूल रह गया था
उड़ गई थी गंध

दौड़े हम घर से अस्पताल
और अस्पताल से घर

लौट आए
जैसे सब लौट आते हैं

ले चले हम माँ को अपने कंधों पर
उसके बेटे
जो कभी बतखों की तरह डुगुरते थे
उसके चारों ओर
ले चले हम माँ को आँगन से
जहाँ वह आई थी कभी
कहारों के कंधों पर डोली में
लाल-लाल दुल्हन

चंदन नहीं था हमारे पास
हमने लकड़ी की चिता बनाई

माँ का आँचल जल रहा था
जिसमें छिपाया करती थी वह हमें

सबसे पहले पैर जले माँ के
फिर सिर जला
जल नहीं रहे थे
माँ के अमृत पयोधर

हमने लपटें तेज कीं
और तेज की लपटें

माँ अकेली लड़ रही थी
लपटों से, हवा से, आकाश से

सत्तर वर्षों का अनुभव था उसके साथ।

(1989)

अचानक नहीं गई माँ

अचानक नहीं गई माँ
जैसे चला जाता है टोंटी का पानी
या तानाशाह का सिंहासन
थोड़ा-थोड़ा रोज गई वह
जैसे जाती है कलम से स्याही
जैसे घिसता है शब्द से अर्थ

सुकवा और षटमचिया से नापे थे उसने
समय के सत्तर वर्ष
जीवन को कुतरती धीरे-धीरे
गिलहरी-सी चढ़ती-उतरती
काल वृक्ष पर

गीली-सूखी लकड़ी-सी चूल्हे की
धुआँ देती सुलगती जलती

रात काटने के लिए
परियों के किस्से सुनाती
अँधेरे से लड़ने के लिए
संझा-पराती के गीत गाती
पृथ्वी और आकाश के पिंजरे में फड़फड़ाती
बीमार घड़ी-सी टिक्-टिक् चलती

अचानक नहीं गई माँ
थोड़ा-थोड़ा रोज गई
जैसे जाती है आँख की रोशनी
या अतीत की स्मृति।

(1989)

नहीं दिखेगी माँ

नहीं दिखेगी माँ
फिर कभी इस रूप में
भोर होगा भिनुसार
चिरैया एक बोलेगी
तिलक चढ़ेगा यज्ञोपवीत
होगा कन्यादान
बस माँ नहीं होगी
पराती गाने के लिए

घिरेगी संझा
चौखट पर जलेगा दीया
आकाश में उगेंगे चंदामामा
बस माँ नहीं होगी
उन्हें दूध-भात खिलाने के लिए

बरसेंगी रातें आँगन में झमाझम
धूप में धू-धू जलेगा गाँव
चलेंगी पुरवा और पछुआ हवाएँ
मृग की आँखों-सी चमकेगी बिजली
उत्तर के आकाश में
दरवाजे पर ताजिया लाएँगे गाँव के मुसलमान
फुलझड़ियाँ छोड़ेंगे बच्चे
आएगी दीवाली
बनेगी अल्पना तुलसी के चौरे पर

बस माँ नहीं होगी
जम का एक दीया
घर के बाहर निकालने के लिए

फूल खिलेंगे माँ के लगाए हुए कोले में
बच्चे स्कूल जाएँगे
पीठ पर बस्ते
और बस्ते में अमावट छिपाए हुए
डाकुओं का हल्का होगा आधी रात
तनेंगी लाठियाँ
सियार रोएँगे खेतों में
आएँगे भरथरी गाने वाले रमता जोगी
गाएँगे रानी पिंगला के गीत
बस माँ नहीं होगी
उन्हें भिक्षा देने के लिए

तोता फड़फड़ाएगा पिंजड़े में
थाली में लड़ेंगी बिल्लियाँ

दिखेंगे नागपंचमी के साँप
दशहरे के नीलकंठ
क्वार के खंजन

बस माँ नहीं दिखेगी
फिर कभी इस रूप में।

(1989)

यमदूत ढूँढ़ रहे हैं माँ को

माँ की चारपाई के पास
दिखती हैं काली छायाएँ

यमदूत ढूँढ़ रहे हैं माँ को

उसने चार पैरों के एक नन्हे-से जानवर को
खड़ा किया है रीढ़ पर
आजाद किए हैं उसके हाथ
निबिड़ अंधकार में दिया है उसे
आखर अनंत
वह मृत्युलोक के
सबसे बड़े षड्यंत्र में हिस्सेदार है

यमदूत ढूँढ़ रहे हैं माँ को

उसने चुनौती दी है
ब्रह्मा को विष्णु को महेश को
रचा है एक प्रतिरूप
सृष्टि की सबसे बड़ी मुश्किल को
आसान बनाया है
आसान को बनाया है
सबसे बड़ी मुश्किल

यमदूत ढूँढ़ रहे हैं माँ को।

(1989)

कैसे जाएगी माँ

यमराज के किस द्वार से जाएगी माँ
पूरब या पश्चिम
उत्तर या दक्षिण
किस द्वार से जाएगी?

पूरब द्वार से जाती हैं पुण्यात्माएँ

दक्षिण द्वार से जाती हैं पापात्माएँ
माँ किस द्वार से जाएगी?

कैसे पार करेगी वह
सैकड़ों योजन वैतरणी?

चिनगारियाँ बरसती हैं
छाँह नहीं जल नहीं
उस वीरान भयावह रास्ते में
कैसे चलेगी माँ?

हे देवताओ
वह जीवन-भर बनाती रही
दीवारों पर तुम्हारे चित्र
भरती रही मंगल कलश
रोपती रही फूल-पौधे
सींचती रही तुलसी
खिलाती रही तोते-बिल्ली
छींटती रही गौरैयों को दाने

हे अनंत पथ के पहरेदारो
फूल की तरह ले जाना उसे
धर्मराज की सभा में।

(1989)

माँ नहीं थी वह

माँ नहीं थी वह
आँगन थी
द्वार थी
किवाड़ थी,

चूल्हा थी
आग थी
नल की धार थी।

(1989)

माँ और आग

यह उस समय की बात है
जब माचिस का आविष्कार नहीं हुआ था

माँ थोड़ी-सी आग जलाकर रख देती
सबेरे रोटी सेंकने के लिए

रात को जब सभी सो जाते
माँ आग को ऐसे ढककर छिपाती
एक कोने में
जैसे कोई रतन हो अमोल
जैसे कोई शिशु हो मुलायम
जैसे कोई दुल्हन हो लाल-लाल

मेघ गरजते थे रातों को
कड़कती थी बिजली
खेतों में फेकरते थे सियार
और गलियों में रोते थे कुत्ते

हम डर से चिपक जाते
माँ की गोद में

उस अँधेरे की जंग में
माँ के लिए कवच कुंडल थी आग
राख से लिपटी

माँ के दिल की तरह धुकधुकाती
माँ के सपनों-सी दहकती
माँ की इच्छाओं-सी सुलगती
माँ हमें ढाढ़स देती-
'घर में आग है
तो कोई नहीं आ सकता भूत-प्रेत'

अँधेरे में वह धीरे से उठती
आग को और सावधानी से
छिपा देती राख में
जैसे अपने आँचल को ढककर हमें दूध पिला रही हो।

(1989)

गाँव गया था मैं

गाँव गया था मैं
मेरे सामने कल्हारे हुए चने-सा आया गाँव

अफसर नहीं था मैं
न राजधानी का जबड़ा
मुझे स्वाद नहीं मिला
युवतियों के खुले उरोजों
और विवश होंठों में

अँधेरे में ढिबरी-सा टिमटिमा रहा था गाँव
उड़े हुए रंग-सा
पुँछे हुए सिंदूर-सा
सूखे कुएँ-सा
जली हुई रोटी-सा
हँड़िया में खदबदाते कोदौ के दाने-सा गाँव

बतिया रहे थे कुछ समझदार लोग
अपने मवेशियों और पुआल
और आर्द्रा और हस्त नक्षत्र के बारे में
कउड़े के चारों ओर

गाँव गया था मैं
मेरे सामने आए
नहारी पर खटते बच्चे
खाँसते बूढ़े
पुलिस से भयभीत युवक
पति–पत्नी, बाप–बेटे
खेत–मेड़, सास–पतोह
जाति–कुजाति, पर–पट्टीदारी
लेन–देन के झगड़े

भूल गया मैं बिरहा चैती
होली दीवाली
मेला ताजिया
खेत की हरियाली

मुझे याद आया
सीमेंट और कंकरीट का
अपना पुख्ता शांत शहर
मैं परेशान था
कविता लिखना आसान था
मेरे लिए गाँव पर

मैं भागा सुबह–सुबह ही
बिना किसी को बताए
पहली गाड़ी से
राजधानी की ओर।

(1989)

वह लड़की

रच रही है वह लड़की
अल्पना आँगन में तन्मय
और पहचान रही है
एक आकृति
जो किसी दिन उसे ले जाएगी

जैसे-जैसे डोली हिलेगी
कहारों के कंधों पर
वह भूलती जाएगी
अपना गोत्र
अपना आँगन अपनी अल्पना

फिर एक दीवार होगी अकेली
और अँधेरे की दुर्गंध
और सपनों का एक सुराख
जिससे कभी-कभी झाँकेगा
उसका बचपन
जाड़े की किरणों में

वह भोर में उठेगी
जब सुकवा उगता है आसमान में
बुहारेगी, लीपेगी, पोतेगी
फींचेगी, कूटेगी, पीसेगी
गोइँठे के धुएँ में
आँख और फेफड़े चलाती
चूल्हे फूँकती
अल्मुनियम के तसले में
मुट्ठी-भर चावल की तरह खदबदाएगी

कपड़े सुखाती
सूखती

खुद को खिचड़ी की तरह परोसेगी
रात में जब होगा
प्रेम का चरम क्षण
वह निकर के लिए बच्चों के
बिटिया की साड़ी के लिए लड़ेगी
गालियाँ सुनती
पिटती
हो जाएगी निढाल

सभी सो जाएँगे घर में
वह बर्तन माँजेगी चमाचम
चमकेंगी कटोरियाँ
चमत्कार की तरह सबेरे

सूरज निकलेगा
ढलेगा
रात होगी

एक अँधेरी सुरंग में
अधूरी इच्छा-सी गुजरती हुई
सोचती हुई
अचानक आ धमकने वाली मृत्यु के बारे में
वह बची रहेगी
स्वप्न की तरह।

(1990)

रूपकुँवरि

सुनें श्रेष्ठि जन
राजा रानी नगरवासी
गुरु वशिष्ठ सुनें

चुनौती नहीं है यह
आँचल पसारती हूँ तुम्हारे आगे
रूपकुँवरि

इस वक्त मैं जहाँ हूँ
खत्म हो गई है धरती
और पीछे छूट गया है ईश्वर

कितना कुछ छोड़ना पड़ता है
करनी पड़ती है कितनी लम्बी यात्रा
स्त्री होने के लिए
और मरने के पहले

ओ देवराला के लोगो
लाठियाँ न भाँजो

स्त्री हूँ
अकेली हूँ
कुदरत की कमजोरी हूँ

छोड़ गया है मेरा सहगामी
इस बंद घाटी में
नहीं दीखती कोई राह
पंडितजी, मुखियाजी
ससुरजी, पिताजी
पगड़ी रखूँगी ऊँची
नाक रखूँगी तुम्हारी

राज करो देवरजी
जुग-जुग जीओ ननद
अचल हो तुम्हारा अहिवात, जेठानीजी
हल्दी लगा दो मेरी देह पर, माँ

इत्र से भिगो दो मेरी चोटी
चूड़ियाँ पिन्हा दो
भर दो सिंदूर पूरी माँग

मेरा सिन्होरा कहाँ है, सासजी
कहाँ है तागपाट

गुड़हल के फूल-सी
धधक रही है चिता
मेरी चुनरी न उड़ाओ, पवन देव
अग्नि अस्नान करना है मुझे
दारोगाजी, न्यायमूर्तिजी
सबके सामने

ओ रेतीले टीलो
झुक जाओ
मैं दूर तक देख सकूँ
अपना मायका अपनी ससुराल
अपने ऋषियों का देश

हे धरती माँ
तुम्हारी उन्नत चोटियाँ
सह नहीं पाएँगी मेरे स्तनों का भार
तुम्हारी निर्मल गंगा में
समा नहीं पाएँगे मेरे आँसू
जल जाएँगी तुम्हारी वनस्पतियाँ
मेरी आँच में

अग्नि देव, कहना दिशाओं से
वनस्पतियों से, पशु-पक्षियों से
हवा से, आकाश से, बादलों से
जो भी मिले कहना सबसे

कि सबके सत् के लिए
सबके असत् के साथ
जा रही हूँ मैं बैकुंठ

हे सूर्य देव
धीरे तपना धरती माँ के ऊपर
हे वरुण देव, झरते रहना
ताकि नरम रहे माँ का कलेजा
मुरझाएँ नहीं धान के खेत
और गाते रहें चिरई चुरूंग।

(1990)

गोरखपुर का भैया

एक इमारत बन रही है पचास मंजिली
उसकी चालीसवीं मंजिल पर
ईंट पहुँचाते हुए
चिड़िये की तरह दीखता है
गोरखपुर का भैया

मैं उसका नाम नहीं जानता
उसे उतना ही पहचानता हूँ
जितना उड़ती हुई कड़ाकुलों की पंक्ति को
उसे सुबह-सुबह देखा
रेल लाइन के किनारे
सिर झुकाए उकड़ू बैठे
टिन के डिब्बे में पानी लिये

दो ईंटों का चूल्हा बनाकर
भीतर की थोड़ी आग जलाकर
रोटियाँ सेंकते

फिर एक नाली पर पटरी बिछाकर
रात गुजारते

शादी-ब्याह के मौसम में
लौट रहा है वह अपने गाँव
जहाँ बीता है उसका बचपन
जहाँ छीज रही है
उसके घरवालों की जवानी
बेशुमार भीड़ में
अपनी एक बोरे पूँजी पर बैठा
लात मुक्के धक्के खाता
लौट रहा है वह
अपनी सती सावित्री के पास
ऊँघता और चुटकी भर ममत्व के सपने देखता

टी.टी. आता है
कल्यान में, मनमाड में, भुसावल में
जैसे बंबई में आता है चाकूबाज
रात की नींद के पैसे वसूलने

चला जा रहा है वह बंबई से
जिसे हजारों मील दूर से
थोड़ा-सा खून और थोड़ी-सी शर्म लाकर
उसने बनाया है
मराठी मुंबई
सुंदर मुंबई।

(1990)

आत्मा

उलट-पुलट गया सारे कोश ग्रंथ
वह नहीं मिला
बहुत की डॉक्टरों ने चीर-फाड़

नहीं मिला
रक्त के भीतर खिला वह स्वर्ण कमल
नहीं मिला

छिपा है कहीं न कहीं वह जरूर
जैसे चट्टानों के नीचे छिपी होती है नदी
जैसे खँडहरों के नीचे दबा होता है खजाना
मगर कहाँ है वह

कौन है वह जो छिपाता है
तोड़ता है मोड़ता सुलाता है उसे
बनाता है दयनीय और निर्मम

भूखे-प्यासे तड़पते
एक-दूसरे को नोचते-चोथते
दौड़े हम राक्षसों के पास
गिड़गिड़ाते रहे संतरियों जलपरियों के आगे
कि लौटा दो हमारा आत्मा
वह नहीं मिला

अनिर्वचनीय है वह कहा धर्मग्रंथों ने
अदृश्य है, अवध्य है, अजेय है
शाश्वत है, सदा जागृत
वह नहीं मिला

कितनी आग है उसमें
और कितना पानी
बता नहीं पाए गोताखोर और अग्निशामक

चीन की दीवार
मौन
साइबेरिया के पारस

मौन
लिबर्टी की प्रतिमा
मौन

निराश-उदास थके-हारे
हम सहलाने लगे अपने-अपने शरीर

होगा
कहीं न कहीं वह होगा
जरूर

हम कैसे यकीन कर सकते थे
ऐसे किसी शरीर पर
जिसमें आत्मा न हो
और ऐसे किसी आत्मा पर
जिसका न हो शरीर।

(1990)

रीढ़

कौन-सा अंग है
आदमी के शरीर में सबसे कीमती

प्रेममार्गियों ने कहा दिल
ज्ञानमार्गियों ने कहा दिमाग
कर्ममार्गियों ने कहा हाथ

पर रीढ़ न हो सीधी
तो कैसे बनेगा आदमी
कैसे खड़ा होगा वह
गुरुत्वाकर्षण के विरुद्ध

खड़े होते हैं बंदर और भालू भी

अपनी रीढ़ पर कभी-कभी
पर गीदड़ और गधे कभी नहीं

रीढ़ झुकी है तो हाथ बँधे हैं
हाथ बँधे हैं तो बँधी हैं आँखें
आँखें बँधी हैं तो बँधा है मस्तिष्क
मस्तिष्क बँधा है तो बँधी है आत्मा।

(1988)

ऊँघता संतरी

उसे मत जगाओ
वह सपने देख रहा है

बच्चे लौट रहे हैं उसके सपने में
पक्षी चहचहा रहे हैं उसके सपने में
बदल रहे हैं इंद्रधनुष के रंग उसके सपने में
झर रहे हैं गुलमुहर के फूल उसके सपने में

उसे मत जगाओ
उसकी नींद पर पाबंदी है

अभी एक झपकी में वह लूट लेगा ब्रह्मांड
अभी एक हलका-सा पदचाप
चकनाचूर कर देगा उसका शीशमहल

देवदूत की तरह सो रहा है वह
उसे मत जगाओ

अभी वह उछलकर खड़ा हो जाएगा
सीधे तने वृक्ष की तरह
सजग और तैयार
किसी पर भी गोली चला देने के लिए।

(1988)

बचा हुआ आदमी

यह जो अपने दुखों की कहानी
सुनाने आया है
नहीं जानता अपने दुख

यह अपनी उम्र चालीस बरस बताता है
इसे अपनी उम्र भी ठीक-ठीक ज्ञात नहीं

हिमवंतों के चकाचौंध
और समुद्रों के अंधकार में
डैने फड़फड़ाता
महाकाश के कुहासे में
मारता मरता
सदियों के पार
बढ़ता रहा है यह
लगातार

इसे याद नहीं
कब यह जिबह किया गया मेमने की तरह
कब-कब चीरा गया आरे से
काटा गया लकड़ी के लट्ठे की तरह

इसे याद नहीं
कब-कब इसके खून से लाल हुए
शहर और खलिहान
महा महासमरों में
कब-कब बेचा इसने
अपना ईमान

इसे याद नहीं
अपनी सुरंगों में

विस्फोटों से बचते हुए
कब चुराईं इसने रोटियाँ
कब झर गए इसके सपने
पीले पत्तों की तरह
कैसे निकला यह
चक्रव्यूह से आहत
इसे याद नहीं

तलवार की धार पर
रक्त की बूँद है यह
अजेय किलों की नींव का पत्थर है यह
सारे गुणा-भाग जोड़-घटाने के बाद
बच गया साहस का अंक है यह
महाकाल के रथ से रौंदा हुआ
प्रसाद है यह

करोड़ों हिमपातों
अरबों भूकंपों
उल्कापातों आघातों के बाद भी
बच गया है यह आदमी
अपनी इंद्रियों के साथ सही-सलामत।

(1988)

गति की आवाज

सन्नाटा नहीं था वहाँ

सूरज की किरणें थीं
नदी को चूमती हुईं
और बादल के टुकड़े थे
जल के भीतर तैरते

पत्तियाँ फुसफुसा रही थीं आपस में
सरक रही थी छाया किशोर पीपल की

एक शिलाखंड रिस रहा था
धीरे-धीरे
गंध फैल रही थी
हवा में
मुस्का रहा था कमल का रंग

अँखुवा फूट रहा था धान का
अँगड़ाई ले रही थी दोपहरी
एक सारस झाड़ रहा था अपने डैने

सन्नाटा नहीं था वहाँ
एक खामोश आवाज थी
गति की

दिशाओं को झंकृत करती
आंदोलित करती
नीले महाकाश को।

(1988)

ईश्वर तुम्हारी मदद चाहता है

बदल सकता है धरती का रंग
बदल सकता है चट्टानों का रूप
बदल सकती है नदियों की दिशा
बदल सकती है मौसम की गति

ईश्वर तुम्हारी मदद चाहता है
अकेले नहीं उठा सकता वह
इतना सारा बोझ।

(1989)

भवसागर

इसी में बोना है अमर बीज
इसी में पाना है खोना है प्यार

भवसागर है यह संतों का

इसी में ढूँढ़ना है
निकलने का द्वार।

(1989)

मिट्टी की काया

इसी में बहती है
मंदाकिनी अलकनंदा

इसी में चमकते हैं
कैलाश नीलकंठ

इसी में लिखते हैं
ब्रह्मकमल

इसी में फड़फड़ाते हैं
मानसर के हंस

मिट्टी की काया है यह

इसी में छिपती है
ब्रह्मांड की वेदना।

(1989)

आखिर

भूल जाती हैं कितनी दंतकथाएँ
सूख जाती हैं कितनी सदानीराएँ

उड़ जाता है कैसा भी रंग
छूट जाते हैं कैसे भी हिमवंत

खत्म हो जाती है कलम की स्याही
टूट जाती है तानाशाह की तलवार

सह्य हो जाती है कैसी भी पीड़ा
कट जाता है कितना भी एकांत।

(1990)

कलम

उठाओ इसे

इसमें छिपा है
देवताओं–अप्सराओं का गान
अबोध शिशुओं की मुस्कान

यह भर सकती है फूलों में रंग
पानी में आग
और आग में थोड़ी–सी रोशनी

फेंको इसे तौलकर
शिलाखंड से फूट पड़ेंगे निर्झर
बह जाएँगे ब्रह्मास्त्र
यह दे सकती है
अनाम को नाम

अरूप को रूप
सन्नाटे को शब्द
मिटा सकती है
जंगल और समुद्र की लिपि
बना सकती है
धरती का व्याकरण

अगर तुम्हारी गफलत से
यह पड़ी रह गई अँधेरे में
तो धरती पर छा जाएगा अंधकार
दहाड़ने लगेंगे हिंस्र पशु
उठाओ इसे
सिसक रही है यह अँधेरे में असहाय

इसे चाहिए एक हाथ
जिसने वेद लिखा
और लोहा गलाया

इसे चाहिए एक हाथ
जो कभी मत लिखे उपसंहार
उपसंहार के लिए छोड़ जाए
इसे।

(1990)

कैसे लोग थे हम

गेहूँ की बालियों में लगते रहे कीड़े
हम खामोश रहे
सफेद कपड़ों से काँपते रहे गाँव
हम खामोश रहे
समुद्र में तूफान आया

हम खामोश रहे
ज्वालामुखी विस्फोट हुए
हम खामोश रहे
बादलों से आग की वर्षा हुई
हम खामोश रहे
उसने खींच ली म्यार से तलवार
हम खामोश रहे

कैसे लोग थे हम
हमें बोलने की छूट दी गई
हम खामोश रहे।

(1990)

शरारती बच्चा

जाड़े की सुबह
तलमलाते पैरों
जा रहा है बच्चा

पीठ पर बस्ता लिये
जैसे लादे हुए पृथ्वी
जा रहा है बच्चा

प्रात: भ्रमण पर निकले
मरियल राजपुरुषों
और तोंदियल महिलाओं को
मुँह बिराता
मंदिर पर मस्जिद पर
ढेले चलाता
जा रहा है बच्चा

स्कूल से लौटेगा यह
जाएगा खेल के मैदान
लँगड़ी मारेगा साथियों को
चिकोटी काटेगा
बजाएगा सीटी
चिढ़ाएगा गुरुजनों वृद्धजनों को

यह खिलंदड़ बच्चा?
खेल-खेल में बना लेता है
राजा, रानी, मंत्री, सिपाही
छोड़ दो पिता
इस शरारती बच्चे को
मत मारो

अगले राजपर्व पर
जब निकलेगा राजा निर्वस्त्र
और उसके अदृश्य अलौकिक वस्त्रों की
करेंगे जयकार
प्रज्ञाचक्षु कलाकार
तो यही बच्चा टोकेगा चिल्लाकर
'अरे, यह राजा तो नंगा है'।

(1990)

कोशिश

पृथ्वी उसकी नहीं थी
जिस पर गिरा वह एक दिन
अपनी एक जोड़ी वेदना लिये

पृथ्वी बँधी थी सूरज और ग्रह-नक्षत्रों से

वह अपने डैनों और चोंच से

दोनों घूम रहे थे
अपनी-अपनी धुरी पर

पृथ्वी को कहीं जाना नहीं था
अपनी अविराम यात्रा में

उसके कुछ स्वप्न और स्वाद थे

उड़ नहीं सकती थी पृथ्वी भारी थी

वह अपने डैने फड़फड़ा सकता था

उसने पत्थरों पर चोंच मारी
हवा से जल से धूप से की दोस्ती
वृक्षों पर बनाए घोंसले
शिकारियों से डरते और चुनौती देते हुए
दाने चुगाए अपने बच्चों को
और छिटका दिए धरती पर
इधर-उधर कुछ बीज
पृथ्वी नहीं थी उसके पंजों में
जिसे वह घूमने से रोक देता
मगर उसने कोशिश बहुत की
अपनी लाल भूरी स्याह चोंच से।

(1990)

पुस्तकें

नहीं, इस कमरे में नहीं
उधर
उस सीढ़ी के नीचे
उस गैरेज के कोने में ले जाओ

पुस्तकें
वहाँ, जहाँ नहीं अँट सकती फ्रिज
जहाँ नहीं लग सकता आदमकद शीशा

बोरी में बाँधकर
चट्टी से ढककर
कुछ तख्ते के नीचे
कुछ फूटे गमले के ऊपर
रख दो पुस्तकें

ले जाओ इन्हें तक्षशिला-विक्रमशिला
या चाहे जहाँ
हमें उत्तराधिकार में नहीं चाहिए पुस्तकें
कोई झपटेगा पासबुक पर
कोई ढूँढ़ेगा लॉकर की चाभी
किसी की आँखों में चमकेंगे खेत
किसी में गड़े हुए सिक्के
हाय-हाय, समय
बूढ़ी दादी-सी उदास हो जाएँगी
पुस्तकें

पुस्तको!
जहाँ भी रख दें वे
पड़ी रहना इंतजार में

आएगा कोई न कोई
दिग्भ्रमित बालक जरूर
किसी शताब्दी में
अँधेरे में टटोलता अपनी राह

स्पर्श से पहचान लेना उसे
आहिस्ते-आहिस्ते खोलना अपना हृदय

जिसमें सोया है अनंत समय
और थका हुआ सत्य
दबा हुआ गुस्सा
और गूँगा प्यार
दुश्मनों के जासूस
पकड़ नहीं सके जिसे।

(1992)

मनुष्यता का दुख

पहली बार नहीं देखा था इसे बुद्ध ने
इसकी कथा अनंत है

कोई नहीं कह सका इसे पूरी तरह
कोई नहीं लिख सका संपूर्ण

किसी भी धर्म में, किसी भी पोथी में
अँट नहीं सका यह पूरी तरह
हर रूप में कितने-कितने रूप
कितना-कितना बाहर
और कितना-कितना भीतर

क्या तुम देखने चले हो दुख?

नहीं जाना है किसी भविष्यवक्ता के पास
न अस्पताल, न शहर, न गाँव, न जंगल

जहाँ तुम खड़े हो
देख सकते हो वहीं
पानी की तरह राह बनाता नीचे
और नीचे

आग की तरह लपलपाता
समुद्र-सा फुफकारता दुख

कोई पंथ कोई संघ
कोई हथियार नहीं
कोई राजा कोई संसद
कोई इश्तिहार नहीं

तुम
हाँ-हाँ, तुम
सिर्फ हथेली से उदह दो
तो चुल्लू-भर कम हो सकता है
मनुष्यता का दुख।

(1992)

मंजिल

सूरज डूब रहा है
और अँधेरा घिरने वाला है

मेरे आगे जो रास्ता है
काँटे बिखरे हैं उस पर
क्या करूँ मैं?

बचाकर निकल जाऊँ इन्हें, बगल से
या चला जाऊँ छलाँग लगा, इनके पार
क्या करूँ मैं?

शायद आखिरी यात्री हूँ
आज की साँझ
संभव है कोई आ रहा हो
मेरे भी बाद

उसे दिखेंगे नहीं अँधेरे में, ये काँटे
क्या करूँ मैं?

रुक जाऊँ काँटों के पहले
सचेत करने के लिए आनेवालों को
या चुनकर हटा दूँ राह से इन्हें
क्या करूँ मैं

मेरी मंजिल दूर है, प्रभु
मगर
क्या यह मेरी मंजिल नहीं?

(1993)

कहाँ देखा है इसे

याद नहीं आता
कहाँ देखा है इसे

प्रेम-पत्र लिखते
या शिशु को स्तनपान कराते
कोणार्क या खजुराहो
किन पत्थरों में बहती
यह स्रोतस्विनी
किन लहरों पर उड़ते हुए
पहुँची है यहाँ तक

देखा है इसे अफवाहों के बीच
जब इसका पेट उठ रहा था ऊपर
और शरीर पीला हो रहा था
जिसे छिपाने की कोशिश में
यह स्वयं हो गई थी अदृश्य
हाथ पसारे मिली थी यह एक दिन

एक अनाम टीसन पर
बूढ़े बाप की ताड़ी के जुगाड़ के लिए

लपलपाती जीभों के बीच
एक दिन पड़ी थी अज्ञात
यह नितंबवती उरोजवती
चेतनाशून्य सड़क पर

यही है
जो महारथियों के बीच नंगी होती
करती अगिन अस्नान
धरती में समाती रही युगों-युगों से
लोक-मर्यादा के लिए

यही है
जिसे इतनी बार देखा है
कि याद नहीं आता
कहाँ देखा है इसे।

(1993)

प्रतिबद्धता

गहराई बहुत थी
झाँक नहीं सकता था भीतर

भागा मैं बाहर
हाँफता हिनहिनाता गाज फेंकता

जाना नहीं था
फिर भी गया

रुकना नहीं था
फिर भी रुका

बोलना नहीं था
फिर भी बोला

झुकना नहीं था
फिर भी झुका

रास्ते थे खतरनाक
डरावनी आवाजें थीं

निर्मल नहीं था सरोवर
अमराई थी पिंजरे की तरह

सच की ओर देखने की कोशिश जरूर की
मगर झुलस गईं बरौनियाँ–
मुश्किल था बचना
फिर भी निकल आया
प्रशिक्षित कुत्ते की तरह
आवाजें अनकता
दिशाओं को सूँघता

ऊँचे–ऊँचे विचार उठते थे भीतर
मगर मेरे पाठक!
सोचता हूँ
यदि सचमुच प्रतिबद्ध होता
तो कैसे पूरे कर पाता
जीवन के साठ बरस?

(1993)

प्रेम ने बचा लिया मुझे

मनुष्य की गंध आ रही थी मेरे शरीर से
और यह खतरनाक थी मेरे वजूद के लिए

दूर से ही सूँघ लेता था वह मानुष गंध
और इस गंध से हजार गुना बढ़ जाती थी उसकी भूख

कहानी लम्बी है
और कविता में ही सब कुछ कैसे बता दूँ आपको
कि कैसे राजकुमारी
मुझे मसक बनाकर छुपाती रही कोन-अँतरे
कैसे आता रहा दानव
मानुष गंध मानुष गंध चिल्लाता हुआ
कैसे-कैसे राजकुमारी ने किए बहाने
कैसे गुजरा समय

आदमी से मच्छर और मच्छर से आदमी
मैं तो समझ नहीं पाया
कि मच्छर हूँ या आदमी

मगर अंत में प्रेम ने बचा लिया मुझे
उसी ने पैदा कीं मुझमें चिनगारियाँ
जिससे मार सका उस क्रूर दानव को
जो प्रेम करना नहीं जानता था

वह क्षण आज भी रोमांचित करता है
जब राजकुमारी ने दिखाया मुझे वह पिंजरा
जो सात तालों में टँगा था
जिसके भीतर फड़फड़ाते तोते में
बसते थे दानव के प्राण

मुझे अफसोस है
कि दानव के वध के लिए
मुझे एक निरीह की गर्दन मरोड़नी पड़ी
और कुछ ताले भी तोड़ने पड़े

जो थे तो मजबूत
मगर जिनमें ज़ंग लग गई थी।

(1994)

राजधानी

इतना आतंक था मन पर
कि चौथाई तो मर चुका था
उतरने के पहले ही
राजधानी के प्लेटफॉर्म पर

मेरा महानगर प्रवेश
नववधू के गृह-प्रवेश की तरह था

मगर साथियों के साथ
दौड़ते, लड़खड़ाते और धक्के खाते
सीख ही लिये मैंने भी सारे काट
लँगड़ी और धोबिया-पाट

एक से एक किस्से थे वहाँ
परियों और विजेताओं
आलिमों और शाइरों के

प्याले टकराते हुए
मैं भी बोलता था
सिकंदर और ग़ालिब के अंदाज में

हालाँकि प्याला ही भरता
और दस्तरख्वान ही बिछाता रहा
शाही महफिलों में
दिन बीतते रहे

मेरी याददाश्त धुँधली होती रही
भूलता रहा
साकिन मौजा तप्पा परगना
फिर सूखने लगा पानी
जो था आँखों में और मन में
और झरने लगे भाव
एक-एक कर पीले पत्तों की तरह

शोर था इतना
कि करुणा भी पहिए-सी घरघराती
और शांति गुरगुराती इंजन-सी

इतनी भागमभाग
कि हास दिखता था
दूर से ही उदास निराश हताश

वीरता के लिए क्या जगह हो सकती थी
उस चक्रव्यूह में?
यदि प्रेम करता लड़कियों से
तो धोखा देता किन्हें?

इतनी रगड़ी गई चमड़ी
भीड़ में और बेरहम मौसम में
कि कोई अंतर नहीं रह गया
मेरे लिए आग और पानी में

इस तरह एक दिन
लौटा जब राजधानी से
तो मृतकाया में उतारा गया मैं
अपने गाँव के छोटे-से टीसन पर।

(1994)

अनंत जन्मों की कथा

मुझे याद है
अपने अनंत जन्मों की कथा

पिता ने उपेक्षा की
सती हुई मैं
चक्र से कटे मेरे अंग-प्रत्यंग

जन्मदात्री माँ ने अरण्य में छोड़ दिया असहाय
पक्षियों ने पाला
शकुंतला कहलाई
जिसने प्रेम किया
उसी ने इनकार किया पहचानने से

सीता नाम पड़ा
धरती से निकली
समा गई अग्नि-परीक्षा की धरती में
जन्मते ही फेंक दी गई आम्र-कुंज में
आम्रपाली कहलाई
सुंदरी थी
इसलिए पूरे नगर का हुआ मुझ पर अधिकार

जली मैं वीरांगना
बिकी मैं वारांगना
देवदासी द्रौपदी
कुलवधू नगरवधू
कितने-कितने मिले मुझे नाम-रूप

पृथ्वी, पवन
जल, अग्नि, गगन
मरु, पर्वत, वन
सबमें व्याप्त है मेरी व्यथा।

मुझे याद है
अपने अनंत जन्मों की कथा।

(1995)

गुनाहों के सबूत

शब्दों में छिपा होता है जैसे अर्थ
मुझमें छिपा था मेरा मैं

भीतर थोड़ी आग थी
मगर सुलगाया नहीं

विचारों से रब्त-जब्त की
मगर फँसा नहीं उनके दलदल में

बेचैन आदमी था मैं
सोचता रहा
और जागता रहा सारी-सारी रात

बेमुरव्वत हुआ मगर मुरव्वत के साथ
प्रेमिकाओं के साथ रहा
मगर जाहिर नहीं होने दिया अपना प्रेम

कुँवारियों-सी सपने देखे
बच्चों-सी जोड़ी कौड़ियाँ
पागलों-सा बटोरता रहा
एक चिथड़ा सुख

बूढ़ों ने कहा नास्तिक
बच्चों ने कहा रूढ़िवादी
साथियों ने कहा व्यक्तिवादी
किसी की नहीं की परवाह
गलतियाँ कीं

मगर नहीं दी
किसी को गलत सलाह

माँ के पालित सुग्गे को
उड़ा दिया पिंजरे से
मच्छरों को मुट्ठी में सँभालकर
बाहर निकाला मच्छरदानी से

पूछता हूँ अपनी परछाईं से
कहाँ ले चलूँ तुम्हें?

सड़क पटी है अफवाहों से
पत्तियाँ बिखरी हैं बेशुमार

ऊँघते तारों से माँगता हूँ,
थोड़ी-सी नींद तुम्हारे लिए

मेरे गाँव के लोगो
मैंने पेश कर दिए
अपने गुनाहों के सबूत

और क्या दूँ तुम्हें
निकाल लो मस्तक से मेरी मणि
तुम्हारे आँसुओं को
आग की तरह ले जाना चाहता हूँ
धर्मराज के पास।

(1995)

देह

स्मृति है यह संवत्सरों की
इसी में गूँजती है
जन्म-जन्मांतरों की कथा

कितने लोक
कितने आकाश
कितने महाभूत
कितने ज्वालामुखी हैं
इस अनंत में

इसकी अँधेरी खाइयों को
भेद नहीं पाए
खरबों प्रकाश वर्ष

नश्वर है यह
मगर यही तो मुक्त करती है
नश्वरता के बोध से

देवकानन है यह
पारिजात गंध से महमह
अप्सराएँ उतरती हैं
इसी देहवन में
उतरते हैं देवता
और जन्म लेते हैं महारथी
इसके रंगों में चमकती हैं
सूरज की वल्गाएँ
इसकी छाती में धड़कती हैं
सदानीराएँ

इसकी पलकों में झरते हैं
नेह के निर्झर
इसकी पुतलियों में बहती है
करुणा की गंगा

इसकी हथेलियों में ढूँढ़ते हैं
जो भाग्यरेखाएँ
अभागे हैं वे

यह स्वयं एक ज्योतिलता है
अदृष्ट के समानांतर
इसकी उँगलियों में झनकते हैं
वीणा के तार
इसकी मुट्ठियों में बंद हैं
सूर्य, चंद्र, बृहस्पति
इसी में लहराते हैं चौदह रत्न

देह है यह
इसी में फूटता है
देही का अर्थ
इसके होंठों से दमकता है बाल रवि
इसकी ध्वनि से झंकृत है प्रकृति राग
इसकी स्मृति से खिलते हैं सहस्त्रदल
शतद्रु है यह महाज्वाला के लिए

जो इसमें नहीं है
नहीं है ब्रह्मांड में।

(1996)

उसके दुख

दिख नहीं रहे थे उसके दुख

पर्दे पर जब वह तेल का प्रचार करती
उसके बाल बिना तूफान के लहराते थे

मसालों के प्रचार में
महक उठती वह स्वयं
कैमरा उसकी आँखों को
कभी झील में बदल देता
कभी अधरों को कोंपलों में

और हद तब हो जाती है
जब पैंटी का प्रचार करते
वह पैंटी से बाहर निकल
दर्शकों से चिपक जाती

कुछ भी तो नहीं था उसकी काया पर
जिसमें छिपा सके वह अपना दुख
मैंने बुद्ध का महावाक्य पढ़ा था
कि संसार दुखमय है
मैं देखना चाहता था उसके दुख

महीनों-महीनों
उस परी को
निहारते-निहारते
एकाएक मुझे लगा
क्या अपने दुख को
मेरे सुख में तब्दील कर देना ही
नहीं है उसका दुख?

(1996)

सत्य

सहसा विश्वास नहीं हुआ
जब उस दिन अचानक
सामने खड़ा हो गया सत्य

कटा-फटा
क्षत-विक्षत
रंग-बदरंग

हाय राम, जिसे मैं समझता था बहुत महान्
बहुत दुर्लभ, बहुत सुंदर
वह तो बहुत-बहुत साधारण था

धूल सने पाँव
ज़ंग लगी लोहे-सी देह
नुनछाई दीवार की तरह कपड़े

ढका नहीं हूँ मैं हिरण्यमय पात्र में
कहा उसने
तीर्थों में, पूज्य ग्रंथों में बँधा नहीं हूँ

जहाँ देखोगे वहीं दिखूँगा
जहाँ से देखोगे वैसा ही दिखूँगा
अभिशप्त हूँ मैं युगों-युगों से
जिसके पास जाता हूँ
वही कर देता है खंडित
चाहे मर्यादा पुरुषोत्तम हों या धर्मराज
या हों परात्पर वासुदेव
छिपाया जाता है मुझे कोने-अँतरे
दुत्कारा जाता है दरवाजे-दरवाजे
किया जाता है लहूलुहान
सरेआम

धर्म पाप कहते हैं मुझे
समाज कहता है अश्लील
न्यायमूर्ति अपराध कहते हैं
राजा कहता है देशद्रोह

भारी कदमों से चला जा रहा था वह
खानाबदोशों के डेरे की ओर
जहाँ कुछ काले नंगे पुरुष कुर्सियाँ बुन रहे थे
कुछ स्त्रियाँ आपस में लड़ रही थीं
हाथ चमका-चमका
एक-दूसरे को भद्दी गालियाँ बकतीं

और कुछ बच्चे
मैले कपड़ों के झूलों में लटके थे
आम की डालियों से
चमगादड़ों की तरह।

(1997)

आखिरी अनुकंपा

बीच में बैठी थी वह अकेली

चारों ओर घेरकर खड़े थे
गाँव-भर के लोग
मुखिया और सरपंच
हाथों में नुकीले पत्थर लिये
इसी तरह खत्म करनी थी
उसकी जीवन-लीला
यही सजा सुनाई थी काजी ने

सबके पैरों पड़ी वह
गिड़गिड़ाई
आँचल पसारा

जो नहीं था भीड़ के पास
नहीं मिला उसे
और अंत में
उसने धरती माँ को पुकारा

लोगों ने आश्चर्य से देखा
धरती दरककर चौड़ी हो गई
समा गई वह उसमें

लेकिन मेरे पाठक
जानते हो, अलविदा के पहले
क्या थे उसके आखिरी लफ्ज?

हे मेरे समय की देवियो
सुहागिनो-अभागिनो
कुँवारियो-वेश्याओ
फिर कभी मत पुकारना माँ को

आखिरी अनुकंपा है यह धरती माँ की
नारी जाति पर।

(1997)

एक दुर्लभ दृश्य

एक दुर्लभ दृश्य था वह

दो शिशु खींच रहे थे थनों से जीवन-रस
एक बकरी पिला रही थी अपने बच्चों को दूध

चौड़ी सड़क थी वह राजपथ जैसी
लम्बी और अछोर
और उसके बीचोबीच
संभव हो रही थी यह घटना
अविश्वसनीय और अविस्मरणीय
दोपहरी का वक्त
जन संकुल पथ
भाग रही गाड़ियाँ
कुत्ते, गदहे, घोड़े, ऊँट
सभी चल रहे थे बचाकर
दाएँ और बाएँ

इस शाश्वत लीला में
न डालते हुए कोई विघ्न

ठहर गया था देश और काल
परम निश्चिंत अपूर्व आनंद क्षण

कहाँ खो गई थी मानुष की क्रूरता
कहाँ से उफन आया था वैष्णव चित्त प्रवाह
न कोई द्वेष न ईर्ष्या न हस्तक्षेप
प्रकृति की समरसता पर चकित
देवता देख रहे थे यह दृश्य
और विमानों से बरसा रहे थे पुष्प।

(1997)

स्त्री को समझने के लिए

कैसे उतरता है स्तनों में दूध
कैसे झनकते हैं ममता के तार

कैसे मरती हैं कामनाएँ
कैसे झरती हैं दंतकथाएँ

कैसे टूटता है गुड़ियों का घर
कैसे बसता है चूड़ियों का नगर

कैसे चमकते हैं परियों के सपने
कैसे फड़कते हैं हिंस्र पशुओं के नथुने

कितना गाढ़ा लांछन का रंग
कितनी लम्बी चूल्हे की सुरंग

कितना गहरा सृजन का अंधकार
कितनी रहस्यमय मौन की पुकार

स्त्री, तुम्हें समझने के लिए
जन्म लेना पड़ेगा स्त्री–रूप में।

(1998)

मृत्यु

मेरे जन्म के साथ ही हुआ था
उसका भी जन्म

मेरी ही काया में पुष्ट होते रहे
उसके भी अंग

मैं जीवन–भर सँवारता रहा जिन्हें
और खुश होता रहा
कि ये मेरे रक्षक अस्त्र हैं
दरअसल वे उसी के हथियार थे
अजेय और आजमाए हुए

मैं जानता था
कि सब कुछ जानता हूँ
मगर सच्चाई यह थी
कि मैं नहीं जानता था
कि कुछ नहीं जानता हूँ
मैं सोचता था फतह कर रहा हूँ किले पर किले
मगर जितना भी और जिधर भी बढ़ता था
उसी के करीब और उसी की दिशा में
वक्त निकल चुका था दूर
जब मुझे उसके षड्यंत्र का अनुभव हुआ

आखिरी बार
जब उससे बचने के लिए
मैं भाग रहा था
तेज और तेज
और अपनी समझ से
सुरक्षित पहुँच गया जहाँ
वहाँ वह मेरी प्रतीक्षा में
पहले से खड़ी थी
मेरी मृत्यु।

(1999)

स्त्री की तीर्थयात्रा

सबेरे-सबेरे
उसने साफ किए
घर भर के जूठे बर्तन
झाड़-पोंछे के बाद
बेटियों को सँवारकर
स्कूल रवाना किया
सबके लिए बनाई चाय

जब छोटा बच्चा जोर-जोर रोने लगा
वह बीच में उठी पूजा छोड़कर
उसका सू-सू साफ किया

दोपहर भोजन के आखिरी दौर में
आ गए एक मेहमान
दाल में पानी मिलाकर
किया उसने अतिथि सत्कार
और बैठ गई चटनी के साथ
बची हुई रोटी लेकर

क्षण भर चाहती थी वह आराम
कि आ गईं बेटियाँ स्कूल से मुरझाई हुईं
उनके टंट-घंट में जुटी
फिर जुती संझा की रसोई में
रात में सबके बाद खाने बैठी
अबकी रोटी के साथ थी सब्जी भी
जिसे पति ने अपनी रुचि से खरीदा था

बिस्तर पर गिरने के पहिले
वह अकेले में थोड़ी देर रोई
अपने स्वर्गीय बाबा की याद में

फिर पति की बाँहों में
सोचते-सोचते बेटियों के ब्याह के बारे में
गायब हो गई सपनों की दुनिया में
और नींद में ही पूरी कर ली उसने
सभी तीर्थों की यात्रा।

(1999)

कोई न कोई

मैं रहूँ न रहूँ
होगा जरूर
कोई न कोई

नाम बदल जाते
बदल जाते हैं रूप
मगर होता है
हर समय हर जगह
कोई न कोई

राह तो ढूँढ़नी होती है खुद
मगर कर देता है इशारा
कोई न कोई

देखना
जब कुछ भी न पड़े दिखाई
देखना
जब अँधेरा हो धना
और दम घुट रहा हो तुम्हारा
जैसे डूबते हुए आदमी का

देखना
जहाँ भी हो
वहीं

मैं रहूँ न रहूँ
होगा ज़रूर
कोई न कोई।

(2000)

पूँजी

चुटकी भर मिट्टी
चोंच भर पानी
चिलम भर आग
दम भर हवा
पूँजी है यह
खाने
और लेकर
परदेश जाने के लिए।

(2000)

जीवन का अर्थ

अर्थ नहीं था वह
यदि होता
तो आज न लगता
व्यर्थ

फिर क्या था वह
मिथ्या या कि भ्रम
अहंकार या कि आत्मछल
क्या था वह?

मेरे आत्मन्
तलाशता रहा जिसे
जो नहीं मिला जीवन भर
क्या था वह?

क्या व्यर्थ में ही नहीं था
जीवन का अर्थ?

(2002)

अम्बपाली

मंजरियों से भूषित
यह सघन सुरोपित आम्र कानन
सत्य नहीं है, अम्बपाली!
–यही कहा तथागत ने

झर जाएँगी तोते के पंख जैसी पत्तियाँ
ठूँठ हो जाएँगी भुजाएँ
कोई सम्मोहन नहीं रह जाएगा
पक्षियों के लिए

इस आम्रकुंज में
–यही कहा तथागत ने

दर्पण से पूछती है अम्बपाली
अपने भास्वर, सुरुचिर मणि जैसे नेत्रों से पूछती है
पूछती है भ्रमरवर्णी, स्निग्ध, कुंचित केशों से
तूलिका अंकित भौंहों से पूछती है
पुष्पवासित रत्नभूषित त्वचा से
होंठों की काँपती कामनाओं से
देह के स्फुलिंगों से पूछती है
अम्बपाली

क्या अन्यथा नहीं हो सकते
सत्यवादी बुद्ध के वचन?

(2003)

फिर भी कुछ रह जाएगा

फिर भी कुछ रह जाएगा

दहक रही है चिता
और जल रहा है श्मशान

लेकिन मैं तुमसे कहता हूँ
फिर भी कुछ रह जाएगा

क्या रह जाएगा
यह मैं नहीं जानता
कितना रह जाएगा
इसका अंदाज तुम खुद लगाना
क्यों रह जाएगा
यह एक निरर्थक प्रश्न है

मैं तो बस इतना जानता हूँ
कि कुछ रह जाएगा
क्या तुम्हें यकीन है
मर जाएँगी जिजीविषाएँ
झर जाएँगी आस्थाएँ
सूख जाएँगे सपने
व्यर्थ हो जाएँगे शब्द

क्या तुम्हें यकीन है
आग सब कुछ जला सकती है
सब कुछ सुखा सकती है हवा
पानी सब कुछ गला सकता है
सब कुछ मिटा सकता है ब्रह्मास्त्र

नहीं, जरूर कुछ रह जाएगा

कहाँ और कैसा और कितना

इसे तो वही बताएगा
जो रह जाएगा।

(2004)

पेड़ से बतियाती औरत

अवश्य ही आत्मीय और विश्वसनीय लगते होंगे पेड़
तभी उनसे बतिया रही वह औरत
क्या मनुष्यों ने नहीं सुनी उसकी बात?
क्या पशु-पक्षियों ने भी नहीं सुनी?

मैं जो कुछ सुन रहा हूँ
कड़ियाँ टूटी हैं उस भाषा की
कुछ खंडित बिम्ब हैं
कुछ ध्वनियाँ बिखरी

कुछ शब्द विच्छिन्न
बच्चों की तोतली वाणी सी
जिनमें संज्ञाएँ हैं
सर्वनाम और विशेषण
मगर नहीं हैं क्रियाएँ

क्या पागल है वह स्त्री?
क्या नहीं समझ पाता मैं जिन्हें
वे सभी पागल हैं?
फिर उस पेड़ को क्या कहूँ
जो समझ रहा उसकी भाषा?
और उस स्त्री की क्या कहूँ
जो मुझे छोड़
पेड़ से कर रही संवाद?
और हमारे समय में
हो रहा यदि ऐसा चमत्कार
तो क्या कहूँ अपने समय को?

(2011)

आना और जाना

इन्हीं दो क्रियाओं के बीच
उछल-कूद करते हैं
सारी भाषाओं के
संज्ञा सर्वनाम विशेषण

आदि और अंतिम शब्द हैं ये भाषा के

आने के बाद ही तो
फिसला मैं, सँभला
उठा
गिरा

बाँहों में
आहों में घिरा

जगा
सोया
हँसा
रोया

एक से दो हुआ
दो से चार
फिर उमड़ पड़ा
सुनामी का हाहाकार

तृप्त हुआ खाते हुए, गाते हुए
ढो-ढो कर घर में कुछ लाते हुए
राजा से, रानी से, सबसे कुछ पाते हुए

कितना पाया
करने बैठा हिसाब
यह कागज वह फाइल
यह किताब वह किताब
नाम पर रूप
और रूप पर नाम
हो गई शाम

अभी तो सब कुछ है पाना जो ठाना
उछलकर आ गई
यह देखो
व्याकरण की अंतिम क्रिया
जिसे कहते हैं
'जाना'।

प्रकाशित

(2012)

सूटकेस : न्यूयॉर्क से घर तक

"इस अनजान देश में
अकेले छोड़ रहे मुझे"
मेरे सूटकेस ने बेबस निगाहों से देखा
जैसे परकटा पक्षी
देखता हो गरुड़ को

उसकी भरी आँखों में क्या था
एक अपाहिज परिजन की कराह
या किसी डूबते दोस्त की पुकार
कि उठा लिया उसे
जिसकी मुलायम पसलियाँ टूट गई थीं
हवाई यात्रा के मालामाल बक्सों बीच

कमरे से नीचे लाया
जमा कर दिया उसे होटल के लॉकरूम में
इस बुरी नीयत के साथ
कि छोड़ दूँगा यहीं
यह अर्थहीन अस्थिपंजर

मगर चलते वक्त हवाई अड्डे
फिर उठा लिया उसे
दो डॉलर चुकाकर
जैसे कक्षा दो के अपने पुराने सहपाठी को
जिसकी कीमत अब दो कौड़ी भी नहीं रह गई थी

फिर नीयत खोट हुई
हवाई अड्डे पर उसे छोड़ देने की
मगर उसकी डबडबाई आकुल आँखें
उस पिता जैसी लगीं

जो नब्बे पार की उम्र में
अकेले पड़े हों गाँव में

मुझे लगा
अभी खतरे के साइरन बजेंगे
घेर लेंगे इसे सैनिक और जासूस
रेशा-रेशा उधेड़ देंगे इसका
जो एक कलाकृति था अपनी जवानी में

उतरा जब दिल्ली हवाई अड्डे
उसकी पीठ और पेट
चिपक गए थे एक में
बदलू मुसहर की तरह
जो भूख से भरा या मलेरिया से
इस पर बरसों बहस चली थी
मीडिया और संसद में

दिल्ली में उससे छुड़ा लेना चाहता था पिंड
जो चार बार विदेश यात्राओं में सहयात्री रहा
मगर आखिर वह आ ही गया मेरे साथ गोरखपुर
उस गाय की तरह
जो गाहक के हाथ से पगहा झटककर
लौट आई हो अपने पुराने खूँटे पर

और अब, वह मेरे पुराने सामानों बीच
विजयी-सा मुस्करा रहा
चुनौती देता और पूछता मुझसे
"क्या आगे बढ़ने के लिए जरूरी है
उन्हें पीछे छोड़ देना
जिनके पास भाषा नहीं है?"

(2012)

जगह

खड़े-खड़े मेरे पाँव दुखने लगे थे
थोड़ी-सी जगह चाहता था बैठने के लिए

कलि को मिल गया था
राजा परीक्षित का मुकुट
मैं बिलबिलाता रहा कोने-अँतरे

जगह, हाय जगह
सभी बेदखल थे अपनी अपनी जगह से
रेल में मुसाफिरों के लिए
गुरुकुलों में वटुकों के लिए
शहर में पशुओं
आकाश में पक्षियों
सागर में जलचरों
पृथ्वी पर वनस्पतियों के लिए
नहीं थी जगह

सुई की नोक भर जगह के लिए
हुआ था महासमर
हासिल हुआ महाप्रस्थान
नहीं थी कोई भी चीज अपनी जगह
जूतों पर जड़े थे हीरे
गले में माला नोटों की
पुष्पहार में तक्षक,
संसद में दुर्गंध

न धर्म में करुणा
न मजहब में ईमान
न जंगल में आदिवासी
न आदमी में इन्सान

राजनीति में नीति
और नीति में प्रेम
और प्रेम में स्वाधीनता के लिए
नहीं थी जगह

नारद के पीछे दौड़ा
विपुल ब्रह्मांड में

जहाँ-जहाँ सुवर्ण था
वहाँ-वहाँ कलि
और जहाँ-जहाँ कलि
वहाँ-वहाँ
नहीं थी जगह।

(2012)

पत्र जिसे पढ़ने वाला चला गया

वह एक सफेद लिफाफा था
जिस पर लिखा था सुनील गंगोपाध्याय

थोड़ी देर कर दी उसने
महज कुछ घंटों पहले
उसे पाने और पढ़ने वाला चला गया था

क्या है इस पत्र में
महीनों से पड़ा है मेज पर
छूता हूँ, सरका देता हूँ
हिम्मत नहीं जुटा पाता खोलने की

पता नहीं
शिकायत है या सिफारिश किसी की

प्रशंसा या निंदा
कौन जाने नीरा का पत्र हो
जिसके लिए लिखता रहा वह
कविताएँ और कविताएँ और कविताएँ
पत्र यह सनातन पाठक या नीललोहित या दे मोशाय
किसी अड्डेबाज दोस्त
किसी तरुण–तरुणी लेखिका का भी हो सकता है
और क्या गिंसबर्ग या शक्ती का नहीं हो सकता
जो मस्ती में लड़खड़ाते हुए भी
चुनौती देता था सारे कलकत्ता को?

जैसे स्वयं सुनील देता था कृतिवास युग में
सिगरेट फूँकते और फेफड़ों को छलनी करते हुए

पूरा हुआ अर्धेक जीवन
जिसमें उलझते–सुलझते
डूबते–उतराते रहे
और जो रिझाता–खिझाता रहा तुम्हें,
विदा, सेई समय!

अब तुम इस अरण्य दिनरात्रि से बाहर हो
बाहर हो प्रथम आलोक और अंतिम सूर्यास्त से
दुनिया की सारी वर्णमालाओं से बाहर हो।

(2012)

□□□